老舗を再生させた十三代が
どうしても伝えたい

小さな会社の
生きる道。

中川政七商店 十三代
中川淳

CCCメディアハウス

老舗を再生させた十三代がどうしても伝えたい

小さな会社の生きる道。

はじめに

初めての著書である『奈良の小さな会社が表参道ヒルズに店を出すまでの道のり。』（日経BP社刊）を出版してから四年が経った。同書で「日本の伝統工芸を元気にする！」をビジョンとして掲げ、その実現のために経営コンサルティングをはじめるという宣言をした。それをきっかけに、これまでに五社の新ブランド立ち上げに携わった。程度の差はあるが、すべてのブランドが成果を上げている。

それ以前は地方の一メーカーブランドに過ぎなかった中川政七商店が、なぜコンサルティングを成功させることが出来たのか？

その答えは、「ものを売る」という考え方ではなく「ブランドをつくる」という考え方で自社のブランドを研鑽してきた経験にある。私たちが扱う物は「麻」であるが、ブランドをつくるという考え方は物が変わってもそっくりそのまま通用する。

数多くのブランドに関わるなかで、ブランディングを中心とした経営のノウハウは加速度的に磨かれたと実感する。

第1部では、これまでのコンサルティングの事例を時系列でまとめ、臨場感たっぷりに詳細まで紹介している。

第2部では、事例から導き出された小さな会社の生きる術を経営、ブランディング、ものづくり、コミュニケーションの四編に整理し、解説している。

1部、2部を通じて、今もてる限りのすべてをさらけ出したつもりである。ここに書いたことは伝統工芸やものづくりに限った話ではない。また中小企業に限った話でもない。すべての商売に通じることであると思う。

中川政七商店
十三代　中川淳

目次

目次

装幀／坂川栄治＋永井亜矢子（坂川事務所） 校閲／円水社

第1部

5つのケースにみる小さな会社の生きる道

第1章 産地問屋がオリジナルブランドで価値観を表現する

有限会社マルヒロ（長崎県東彼杵《ひがしそのぎ》郡波佐見町）

創業●一九五七年（前身の馬場廣男商店）
代表者●馬場幹也
従業員数●六名
売上高●八五〇〇万円（ピーク時二億円）
事業内容●陶磁器の製造・卸
背景●波佐見は長年にわたり有田（佐賀県）の下請け産地としてものづくりをしてきた町。有田焼の上絵付けをする前の、白く薄手の磁器を得意としてき

＊数字はコンサルティング開始当時のもの

た。しかし近年は波佐見焼として認知されるべく、様々なデザイナーと手を結び、波佐見焼のブランド化に取り組んでいる。マルヒロは、先代である馬場廣男が陶器の叩き売りからはじめた会社。四〇数社ある産地問屋のひとつ。

二〇〇九年七月　売上を一・五倍にしたい

最初の顔合わせ。馬場幹也社長と、一九八五年生まれの息子の匡平くんが奈良に来られた。私が書いた『奈良の小さな会社が表参道ヒルズに店を出すまでの道のり。』を読んで、経営コンサルティングを依頼したいとのこと。まずは馬場社長から現状をヒアリングする。売上はピーク時の半分になり、そのほとんどが流通問屋に依存しているため、利益率が低いという。

七年前、現状を打破すべく自社ブランド「ｓｙａｒｅｔｏｗ.」（長崎の方言でおしゃれだねを意味する「しゃれとうね」を英語表記したもの）をはじめたが、うまくいっていない。営業力も企画力もない。そこで新しいブランドを立ち上げ、売上を一・五倍にし、利益率も上げて欲しい、との依頼だった。「粋更ｋｉｓａｒａ」を立ち上げた人という私のイメージが先行しているためだろうが、新ブランドはあくまで手段のひとつ。新ブランドを立ち上げるには時間もお金もかかるし、リスクも高い。あくまで経営全体を見るというスタンスで仕事をしたいと申し出て、了解していただく。

陶磁器業界全体の苦戦が続いているなかで、いかにして立て直しを図るのか？　いかにして差別化を図るのか？　頭を巡らせる。

二〇〇九年八月　変革の原動力になるために

どうも息子の匡平くんは、焼きもののことも、経営のこともあまり分かっていないようだ。きちんと話が通じるよう、課題図書を出して読んでもらうことにする。最低月に二冊は読んで、要約とそれを自分の会社にどう適用するかを感想文として提出するよう、メールで指示する。彼が今後のマルヒロを変えていく原動力にならなくてはいけない。

二〇〇九年九月　売上データがない？

初めての波佐見訪問。前回に続き、詳細なヒアリングを行う。まず、決算書五期分を見させてもらう。想像を超える財務状況だ。のんびりやっている時間はない。もちろん失敗は許されない。

商品管理のやり方、商品開発の考え方、サイクル、売上の詳細（販売先、アイテム）、詳細な業務フローなどをヒアリング。早速大きな問題がひとつ浮かび上がる。アイテム別の売上がすぐに分からないということだ。伝票を全部調べなければいけない、と。しかし、伝票は手書きではなく、パソコンから出力されている。ということは、なんらかの業務システムがあるはずだ。

調べてみると、販売管理ソフト『商奉行』と在庫管理ソフトの『蔵奉行』が使われている。にもかかわらず売上データが出ない？　そんなはずはないと『商奉行』を操作すると、あっさりとアイテム別の売上数がでた。みんな、へーという顔。

しかし、そもそも商品マスタに登録されている商品が少ない。全体の六割程度だ。それに、商品マスタの設計が分析視点になっていないため、例えば、お茶碗というアイテムが全売上に占める割合が分からない。これでは『商奉行』は単なる伝票出力ソフトと化してしまう。さらに、商品在庫がシステム管理されていないことも判明。『蔵奉行』はまったく使われていない。まずは商品マスタを分析に役立つ形に再設計しなければいけない。どう設計すべきかを一緒に考えて、次回までに修正を完了するように指示する。

新ブランドをどう位置づけるか

「既存ブランドのてこ入れ＋業務改善＋組織・仕組みづくり」が最も確実に結果につながるが、現状を考えると、それだけでは売上の絶対値が足りない。やはり新ブランドは必要だと考える。①ｓｙａｒｅｔｏｗ．＋新ブランドか、②ｓｙａｒｅｔｏｗ．をやめて新ブランドのみか、③ｓｙａｒｅｔｏｗ．のなかに新ラインをつくるか、大きく三つの道がある。正直なところ、ｓｙａｒｅｔｏｗ．はブランドの体をなしていないため、新ブランドはｓｙａｒｅｔｏｗ．とは区別すべきだろう。とはいえ、ｓｙａｒｅｔｏｗ．は売上の二割を占めているので捨てるわけにいかない。結果①の二ブランド体制でいくことにした。

アイデアの源泉を求めて

二日目は、波佐見という土地を知るために地元を回る。くらわん館という地元の人は絶対に行かないであろう波佐見焼の資料館も案内してもらう。地元の人は自分たちの土地について意外と知らないもので、コンサルティングをやるときは、必ずその土地を丁寧に見て歩くことにしている。そのなかから、地元の人では気づくことのできない良さ＝ネタを見つけることがある。それはデザインリソースにもなり得るし、ブランドのアイデンティティにもなり得る。

最後にどんなブランドをつくりたいか、どんな会社になりたいか、社員みんなに聞いたが、漠然とした議論になってしまい要領を得ない。これが一番の問題かもしれない。

二〇〇九年一〇月　自分たちをどう定義するか

前回、どんなブランドをつくりたいかを尋ねたが、答えは見えてこなかった。そこで

①自分たちは何者か?
②敵は誰か?
③どうやって戦うのか?
④どう表現するのか?
⑤どう伝えていくのか?

という手順を示し、どんなブランドにしたいのか、自分たちがどうなりたいのかを探っていく。

まず自分たちの強みについて考えてもらったところ、

・フットワークが軽い

・若い後継者がいる
・スタッフがまじめ
・全員元気である
・企画の外部スタッフがいる
など十数項目が挙がった。しかしそのほとんどすべては、マルヒロに「ある」ものであって、他に「優る」ものではなかった。相手があり、その相手よりも格段に優っている点が真の「強み」である。単に「ある」ものは強みではない。正直なところ、この時点でマルヒロという会社の強みは見つけることができなかった。

では生きる道はないのかというと、そんなことはない。「自分たち」をどう定義するかで強みは変わってくる。たとえマルヒロの強みはなくとも、例えば波佐見という産地の強みがあればいい。それでもなければ、長崎にあればいい。このように自分たちの定義の仕方で、いくらでも強みは探すことができる。波佐見の強みは何か？　他の産地との比較も踏まえながら、強みと弱みを再度考えてみた。

【波佐見の強み】
・量産ができる

・比較的安価である
・陶器も磁器もできる

【波佐見の弱み】

・知名度が低い
・分業制で横のつながりが薄い

他の産地に関する情報については、次回より詳細に分析できるように宿題とした。

次に、どうなりたいかを匡平くんにヒアリングする。

・陶磁器業界を代表する問屋になりたい
・共存共栄
・アパレルに関連する仕事をしたい
・キャンピングカーが欲しい
・波佐見焼を有田焼より有名にしたい
・小さな窯元に利益のある仕事をあげたい

個人的な欲求から、会社レベル・社会的なレベルまで様々な希望が挙がった。それが正直な声だと思うし、それでいい。きれい事はいらない。ただしひとつ引っかかったのは、アパレルというキーワードだ。匡平くんはもともとアパレル業界で仕事をしていたこともあり、焼きものよりもアパレルに興味があるようだ。焼きものとアパレルと聞いて、ぱっと思い浮かんだのは焼きものの産地、益子（栃木県）にあるスターネットというお店。もともとアパレル業界にいた人が運営しており、カフェやギャラリー、ショップが一体となっている。この話をすると、匡平くんのテンションが上がった。

ブランドイメージを決める

今度は、新ブランドのイメージについて話し合う。日本を感じる、品のある、使い込んだ感じ、やさしさといったテイストを表す言葉が出てきた。雑誌でいうと「住む。」「ｎｉｄ」。店でいうと「粋更　ｋｉｓａｒａ」。ふむふむ。かなり方向性が見えてきた。スターネットとの親和性もある。

「私たちは、波佐見のスターネットになります！」

道が見えた気がした。

その方向性に沿ったビジュアルイメージを探すことを宿題とする。

二〇〇九年一〇月　手本となる店を視察

スターネットの見学。匡平くんと益子へ向かう。百聞は一見にしかず、だ。見て感じることで、いろんなことが明確になっていく。たまたまおられたスターネット主宰の馬場浩史さんにお話を伺い、「頑張りなさい」とのお言葉もいただけた。向かうべき方向に加速する。

二〇〇九年一一月初旬　総合カルチャーブランドを目指す

夜遅く、匡平くんから電話。「実は、今の方向性はあまり好きじゃないんです」との衝撃の告白。会社の状況を考え、心にもない手堅く売れそうなことを言っていた、という。驚きはしたが、彼なりにプレッシャーを感じてのことだから仕方がない。やりたいことをやり抜くのがブランドをつくることだと私に言われて、「今やっていることは違う」と伝えなきゃと思ったらしい。せっかく見えたと思った方向性は捨てて、また次回、いちから考え直そうと言って電話を切る。

二〇〇九年二月中旬　本当にやりたいことを見つける

本当に自分のやりたいこととなると、人の表情は変わるものだなと思う。新たな方向性を探ることになったが、匡平くんの頭のなかにはなんとなくイメージがあるらしく、ビジュアル集めの宿題もスムーズだったようだ。

集めたイメージを分類整理していく。すると、意識していなかったキーワードが浮かび上がってくる。「無骨」「道具」「くすっと笑える」「古びた」「雑然」。ここからブランドのコンセプト文が生まれる。また、ビジュアルの色合いからブランドのトーン&マナーが決まる。家具でいうとパシフィックファニチャーサービス、雑貨でいうと中川政七商店、雑誌でいうとスタジオボイス、ヒュージ（ＨＵＧＥ）、アパレルで言うとネペンテス。イメージがどんどん見えてくる。

そして、匡平くんが本当にやりたいことは、「波佐見に映画館をつくりたい！」。波佐見には映画館がないのだという。映画館をつくって、その横には夜遅くまでやっているカフェがあって、人が集まる場所になる。そういう場所をつくりたい、それが夢だという。でも最初は言い出せなかった。焼きもの屋が映画館をつくりたいなんて、ふざけているとしか思ってもらえないと考えていたからだ。

現状は現状、ただのつぶれかけの焼きもの屋。でも夢があれば、そこに向かってまっすぐやっていける。ブランディングは、現実から夢につながる道のりの方法論だ。波佐見に映画館をつくるために新ブランドをやろう、会社をやっていこう。そのために死ぬ気で頑張ろう。そうすれば、できないことなんて何もない。

新ブランドの、そして会社のゴールは決まった。

「波佐見に映画館をつくる！」

そのために新しいブランドは、「単なる焼きものブランド」ではなく、波佐見を背負って立つ「総合カルチャーブランド」にならなければならない。もちろん最初からそうあるのは無理だが、目指さないものは到達できない。目指すこと、頭の片隅においておくことが大事だ。

ブランド名に関してはいろんな案が出たが、私のなかではこれと思うものが決まっていた。

「ＨＡＳＡＭＩ」

波佐見を背負って立つ心意気と、地名と、道具（釉薬をかける際に使う道具を釉薬ばさみという）という三つのキーワードが合わさっていて、音の響きもいい。これしかない。ロゴマークは釉薬ばさみをモチーフにしよう。

ブランド名が決まったので、商標登録を指示。ロゴマークのデザインパターンも次回までの宿題とした。

メインの商品を考える

次に、4P（商品、価格、流通、販売促進）について考える。まず、どんなアイテムをつくるのか？　最終的にはなんらかの展示会で発表することになる。そのときにバイヤーの目に留まるかどうかを考えると、「これ！」というメインアイテムが必要になる。資金が潤沢にあって、広いブースがあってお金をかけた装飾ができるならいざ知らず、装飾にお金をかけられない場合は、そもそもバイヤーの目に留まらないことがほとんどだ。それを解決するには、メインのアイテムが必要になる。

いろんなアイテム候補をブレストする。そば猪口、マグカップ、植木鉢の三つが残り、最終的にはマグカップに決まった。ＨＡＳＡＭＩブランドらしいアイテムであること、売れるアイテムであること＝市場性が条件。そば猪口は「らしさ」で、植木鉢は市場性で消えた。マグカップについては、スタッキングできるものがいいというアイデアがこの時点で出ていたのも決め手となった（調べてみると、世の中にはスタッキングできるマグカップが意外と少なかった）。

価格は、「無骨」「雑然」といったブランドイメージから買いやすい価格帯を想定する。スタッキングという点からも、複数個買えるような価格帯がいいということになった。一個一五〇〇円以内が妥当だろう。

流通については既存の商売とは切り離すためにも、また利益率を確保するためにも、流通問屋を通さずに小売店に直接卸す方法に限定する。既存の流通に乗せたのでは、新ブランドが単なる新商品に成り下がってしまう。

六月に開催される見本市「インテリアライフスタイル」展を目標に、新ブランドの設立に取りかかることにする。

既存ブランドのてこ入れ

一方、既存ブランドｓｙａｒｅｔｏｗ．をどうするか、が問題だ。ここ数年のカタログ掲載のＳＫＵ数（在庫の保管単位のこと。簡単にいえばサイズ違いまで含めた商品の種類）と売上の関係を見てみると、売上が横ばいからやや減っているにもかかわらず、ＳＫＵ数だけが年々増えている。ＳＫＵ別の売上データを見ると、半分以上の商品が年間売上五万

年度	売上	SKU数
2006	3500万円	300SKU
2007	3400万円	346SKU
2008	3000万円	500SKU
2009	2800万円	521SKU

syaretow. の SKU 数と売上推移

円以下だった。つまり売上が伸びないから、ひたすら新商品を開発してカタログに掲載し続けるという、悪循環に陥っていた。

思い切って、カタログ掲載ＳＫＵ数を半分以下にすることを提案。売上データを基に、どの商品を廃番にすべきかを丁寧に見ていけば、結果として売上はほとんど落ちないと予測した。売上はキープしつつ、在庫リスクが減ることで経営には大きくプラスになる。ロングテイルはあくまで電子商取引の話であること、八〇対二〇の法則の話を商売の基本として話した。

また、ｓｙａｒｅｔｏｗ．の位置付けも整理した。ｓｙａｒｅｔｏｗ．には、様々なテイストの様々な商品があった。ｓｙａｒｅｔｏｗ．らしさと呼べるものは感じられず、ブランドの体をなしていない。単なる小売店向けの総合カタログという形にし、ブランドとして扱わないことにした。

さらにカタログ発行が年一回だったために、商品企画の負荷が一時に集中していたり、商品の鮮度が落ちて、どうしても後半に売上が落ちるという問題を抱えていた。二〇一一年以降は、カタログを年二回発行することにした。

最後に、もの売りの感覚からブランドづくりの感覚に変わらなければいけないと力説し、この回のミーティングは終了した。

二〇〇九年一二月　新ブランド始動

ＨＡＳＡＭＩの具体的な商品デザインに取りかかる。外部デザイナーを登用することも検討したが、予算がないので、デザインのディレクションは私自身がやることにした。まず、マグカップ以外のアイテムを決める。マグカップを起点に、揃えて買いたくなるような品揃えにする。ブランドコンセプト、ビジュアルイメージに常に立ち返りながらデザインを考えていく。スタッキングや角張ったデザイン、厚さなど、すべてのアイテムに同じデザインを行き渡らせることで、ブランドとしての一体感が出てくる。

色については、匡平くんのどうしてもやりたい釉薬（紫と水色）を起点に、艶感やトーンに気をつけながら、全体の色バランスを取っていく。最初は暗い色が多かったので、赤を足すことで全体を明るく、また似かよった色目はどちらかに絞るなどして最終的には六色展開とすることにした。

おおよそのアイテム、色数、価格が出揃ったところで、六月のデビューから一二月までの売上予測数を製造ロットなども踏まえてざっくり決め、トータルの売上金額を計算してみる。ざっと七〇〇万円。会社の規模や投資金額から予想していた初年度売上と、大きく外れていないことを確認した。このタイミングで俯瞰することは、非常に重要である。売上がまったく足りないようであれば、アイテム数が少ないのかもしれない。多すぎるようであれば、アイテムを絞るか色数を絞るかしないといけない。売上一〇億円の会社が一〇〇〇万円の投資をしてはじめたブランドの初年度売上が五〇〇〇万円でした、では話にならない。そもそもの組み立てがおかしいということになる。そういうことのないよう、早めに確認しておくことが大切だ。

焼きもの以外のアイテムを想定し、ロゴは３種類つくった。
左から布もの用、陶磁器用、雑貨用

　予算が十分にないなか、初期投資として型代（器の形をつくるためのもの）の負担が重いことがわかってきた。マグカップやスープカップなどメインのアイテムには投資すべきだが、ポットのようなサブアイテムは既存の型を使うことで節約する。

　ロゴとロゴマークは様々なパターンから選び、微調整を繰り返して最終形が完成した。あまり知られていないが、実はＨＡＳＡＭＩには三つのロゴマークがある。これは将来、総合カルチャーブランドになるために、すでに焼きもの以外のアイテムを想定しているためである。いずれもハサミをモチーフにしたもので、将来こうなりたいというブランドの意思表示でもある。

アイテム削減と新商品の投入

二〇一〇年春発行のｓｙａｒｅｔｏｗ．のカタログがいよいよ大詰め。大幅なアイテム削減だけでは芸がないので、短い時間のなかでわずかながら新商品を考える。デザインはもちろん大切だが「筋の良い組み立て」とは何かを説明し、宿題とする。

二〇一〇年一月　「筋の良い組み立て」とは

筋の良い組み立てとはどういうことか？　簡単に言うと雑誌が取り上げたくなるような、一般の人が説明を聞いて「へぇ～」となるようなストーリーがあること。実はこのタイミングで考えた新しい商品から、大ヒットとなるものがひとつ生まれた。

それが引き出物をターゲットにした「おしどり夫婦」だ。

これは紅白のそば猪口を桐箱に入れたセット商品で、そば猪口の内側に金箔でおしどり

長崎県の県鳥であるおしどりを内側にあしらったそば猪口。
会話が生まれる商品となり、大ヒットに

の柄が入っている。これがなぜ筋の良い組み立てかというと、オシドリは長崎県の県鳥なのである。「マルヒロ→長崎→おしどり→おしどり夫婦→結婚式の引き出物」と連想できる。これを引き出物にする人は、おそらく「実はね、この鳥はね」と話すはずである。誰かに話したくなる、会話が生まれる、それが筋の良い組み立てだ。引き出物の場合、「めでたい」から鯛を柄にすることが多い。実際にマルヒロでも同じ商品で鯛の金箔が入ったものを同時に発売したが、当初の予想に反しておしどりが圧倒的に売れている。

二〇一〇年二月　思いつきだけで勝負しない

ｓｙａｒｅｔｏｗ．は売上が伸びていないにもかかわらず、なぜ商品数だけが増え続けてしまったのか？　それは、毎年の結果を踏まえて改善しなかったからである。ひとつひとつの商品を企画・デザインすることとは別の次元で、ブランド全体でどんな商品をどれだけつくるかを考える必要がある。それを「商品政策」と呼ぶ。商品政策をきちんと考えることができていない会社が実は多い。みんな「なんとなく」バランスを取っているだけだ。長年やっていれば、経験である程度は補えるかもしれない。

しかし、ここを緻密にやるかどうかで大きな差が生まれる。ｓｙａｒｅｔｏｗ．の新商品をいくつか考える際にも、なんとなく考えるのではなく、既存のラインナップを踏まえた上でどんな商品が足りないのか先に確認し、そこに向けたアイデアを練らなくてはいけない。思いつきだけで勝負してはいけない。実際には「テーマ別アイテム表」というものを使う。これを使ってテーマやアイテムの抜け、バランスを調整する。

もっとも、こういうロジカルな積み上げだけでは、つまらない商品政策になってしまう。商品政策は、ロジカルな積み上げ七、新しいチャレンジ三くらいがちょうどいい。焼きものの世界では、こんなものが売れているらしいという情報が出ると、誰もが似たようなものをつくる傾向がある。しかし「意図」のない商品は、たとえ売れても次につながらない。しっかりと意図を持った商品政策をつくる。そして翌年はその反省をベースに、新たなチャレンジも含めて、また新しい商品政策をつくっていく。それを繰り返すことで、その会社のものづくりのレベルは上がっていく。

実際にsyaretow．の商品を整理すると、おかしな点が見えてきた。例えば、皿の大きさ。大皿、中皿、小皿があるが、カタログ全体をアイテム別で見ると、小皿と大皿が多くて中皿が極端に少ないのだ。一般的に考えると、たぶんこのバランスはおかしい。サイズが大きくなるほど需要枚数は少ないはずである。そこで大きい方から、一対二対三と需要バランスの仮説を立てた。実際どうかはわからない。しかし仮説を立てることで、一年後にはより精度の高い仮説を立てることができる。これを繰り返せば、実態に即した商品政策が立てられる。何十年もこの商売をしているにもかかわらず、マルヒロにはそれがなかった（その後の検証で、現在は一対二対四の割合になっているそうだ）。

二〇一〇年四月　年間の供給スケジュールの重要性

いよいよsyaretow．の新カタログがデビューした。しかし、前年よりも商品の供給開始時期が一カ月遅れてしまった。諸事情を考えれば仕方ない部分もあるが、年間のスケジュールはきちんと決めて、毎年同じサイクルで動かなければならない。商品の発売時期については特に、である。毎年同じ動きをすることでデータが活用され、予測の精度が上がり、売り逃しや不良在庫が出にくくなる。そういう意味でも年間スケジュールを安定させ、忠実に守ることは実はかなり大切なことである。二〇一一年からはカタログを年二回発行とするため、展示会の時期・供給可能時期などを考慮して、会社全体の新たな年間スケジュールを作成した。

他人の力を借りる

HASAMIはデビューまでいよいよ二カ月を切り、商品だけでなくリーフレットやパッケージのデザインも大詰めを迎えた。ブランドイメージを形成するのは商品だけではない。リーフレットやパッケージも重要な要素である。パッケージは、コストとブランドイメージのラフな感じから段ボール素材とした。またロゴマークは、ハンコでひとつひとつ手押しすることにした。多少ゆがんだりかすれたりするのも、このブランドらしい。

直前までくると、本当に売れるのか、どうすれば売れるのかに意識が傾く。やれることがあればすべてやりきりたい。そこでひとつ思いついたのが、他人の力を借りることだ。大きな展示会の中で、なんとかバイヤーの目に引っかかるために、中川政七商店の看板を利用する。マグカップの下に敷くコースターを麻でつくり、中川政七商店との限定コラボグッズとする。非売品だ。事前に用意しておいた布もの用のロゴマークも活きてくる。

焼きものとそうでないもののバランスは、気を配らなければいけない。最終的に総合カ

市場で受け入れられるかを判断し、断念することも必要。
最終的に商品ラインからはずしたペイズリー柄のマグカップ

ルチャーブランドを目指しているとはいえ、まずは焼きもののブランドとして認知してもらうのがスタート。だから、焼きもの以外のアイテムのボリュームは小さくしておかなければならない。常にお客様からどう見えるか、お客様にどう認識してもらいたいか、を強く意識することが重要だ。

また、ここ数カ月懸案になっていたペイズリー問題も決着した。匡平くんは、当初からこだわっていたペイズリー柄をどうしてもマグカップに入れたいという。基本的にはやりたいことをやるのがブランドをつくる基本であると思う。中心となる人の価値観を素直に表現すれば、そこには少なからず共感が生まれる。それを何人かの合議で仮想のターゲット像をつくり上げて商品をつくっても、それは誰の価値観でもなく、失敗することの方が多いというのが持論である。

しかし、何事も程度というものがある。最終的には本当にそれが市場で受け入れられるのかをチェックし、行き過ぎの部分は抑制しなければいけない。やりたいことを曲げるのではなく、我慢する感覚だ。だが匡平くんがなかなか折れないので、最後は強権発動。ペイズリー柄は外すことにした。今でもこの判断をして良かったと思っている。もしもペイズリー柄のマグカップを市場に出していたら……考えるだけで恐ろしい（笑）。

二〇一〇年四月　新ブランドと売上と流通と

奈良にてミーティング。どうやって新ブランドの売上をつくるかを真剣に検討する。結局、ものづくりだけでは会社は立ち直れない。その後の流通まで改善して、初めて会社は元気なる。そこまで面倒を見ないで、何が「日本の伝統工芸を元気にする！」か。

インテリアライフスタイル展と並行して、中川政七商店が主催する展示会「大日本市」にもＨＡＳＡＭＩを出展させよう。以前にインテリアライフスタイル展に出展したときは、名刺交換は一〇枚だけだったと匡平くんが言っていた。中川政七商店がもつリソースを総動員して、なんとかしなければいけない。

二〇一〇年五月　展示会直前に起きた「事件」

展示会前の作戦会議。HASAMIの年内予算は六〇〇〇万円。約二回転と考えて、今回の展示会での受注目標は三二〇〇万円。うちインテリアライフスタイル展で八〇〇万円、大日本市で二四〇〇万円。さらに細かく分解すると、二四〇〇万円=四万円×六〇〇件。下代（卸値）で四万円ということは、上代（小売価格）は約七万円。マグカップにすると五〇個分。無理な目標ではない。客単価を上げるために、五万円以上購入してくれる場合はコラボコースターをプレゼントすることに決める。

あとは当日の約束事の確認。絶対に掛率を下げずに商売をすること。新ブランドをはじめる意味はここにある。それを忘れて、目先の数字を取りにいってはいけない。客単価を上げたいとはいえ、少量でも取引してくれるバイヤーがいれば、なんとしても獲得する努力をすること。要は気合いだ。取引がはじまるかはじまらないかで、将来は大きく変わる。展示会という場でなんとか受注までもっていくことは、非常に重要だ。

さあ、あとは展示会を待つのみ、という最後の最後で、事件は起こる。最終のマグカップのサンプルが、図面と異なっていたのだ。ところが、その間違ったサンプルがやけによく見えた。すでに修正は指示していたので、展示会までには間に合うとのこと。しかし、どうしても間違いサンプルの方がよく見える。この間違ったサンプルの形でいくとどうなるのかと尋ねると、型を一からつくり直すのに大きな費用がかかるうえ、そもそも展示会に間に合わないという。しかし、それでも間違いサンプルの方がよく見える。

変えるべきかどうか、かなり悩んだが、微妙な差が善し悪しを決める。勝負はディテールなのだ。無理は承知で、なんとか変更して欲しいと頼む。ありえないとの意見を押し切り、最終的には生地屋、釜屋のみんなの協力で間に合わせることができた（型代の埋め合わせのため、コンサルティング料一カ月分を無料にすることにした）。私自身、普段はメーカー側の立場なので、デザイナーの無茶がどれほどつらいかはよく分かる。だがなんとしても成功させるために、今回だけは押し切ることが必要だった。

ディテールにこだわり、図面と異なるサンプルの形を最終商品に採用

二〇一〇年六月　セールストークは顧客目線で

いよいよ、インテリアライフスタイル展と大日本市の開催だ。リリース直前になんとかウェブサイトも開設することができた。

最初は匡平くんの接客もたどたどしかったため、横についてどんな説明がお客さんに響くのかを逐一レクチャーする。つくっている側は、ついついものづくりの目線で話をしてしまう。例えば、この釉薬には銅が含まれていて、焼くときに窯変して色が安定しないと説明するのだが、まず伝えるべきはスタッキングできることや電子レンジで使えることだ。もちろん、何を優先して伝えるべきかは相手によって変わってくる。

気になる結果だが、多くのバイヤーから興味をもっていただき、予算には及ばなかったものの、二〇軒を上回る小売店から注文があった。最低限の結果と反応を得られたことにほっと一息。あとで聞いた話だが、匡平くんはあまりのプレッシャーから、展示会直前は何度か吐いていたらしい。それだけ思い詰めたからこそ結果につながったのだと思う。本当によかった。

二〇一〇年七月　ブランドはみんなでつくるもの

匡平くんに頼み、全スタッフを集めてもらう。まずは、展示会の結果報告。そして、HASAMIというブランドを形づくるのは、商品だけではないという話をした。荷造りが乱雑だったり、納品間違いがあったりすると、それもすべてHASAMIというブランド、ひいてはマルヒロという会社の評価につながる。マルヒロという会社を世間の人は誰も知らない。商品が少し良くても会社の対応が悪ければ、ぽっと出の会社と思われてそれでおしまい。せっかくつかんだチャンスを無駄にしてはいけない。ブランドは商品だけでつくるものではなく、みんなでつくっていくものなんだと理解してもらいたかった。

それから、会場受注には至らなかった小売店へのフォローと、管理を指示する。まだまだ予算には足りないので、気を引き締める。

九月に行われる展示会に向けてどうするかを話し合う。とりあえずHASAMIのテイストに一定の評価が出たので、テイストは変えずにアイテムの追加だけすることに決定する。

二〇一〇年八月　アーバンリサーチとの取引成立

最初に注文をいただいた小売店のなかに、セレクトショップ、アーバンリサーチの名前があった。こうしたメジャーなお店で扱ってもらうことは、直接的な売上以上に大きな意味がある。多くのバイヤーさんは初めて見たものに興味をもっても、それが市場にないものであれば「本当に売れるのか」確信をもてないでいる。当時のＨＡＳＡＭＩは類似するものが市場にまったくない環境だったので、踏み切れないバイヤーも多くいたと思う。

そんなときに、商品を実際の売場で見ると、バイヤーであれば売れるかどうかはたいてい分かる。展示会や会議室の商談ではそこが難しい。そういう意味で、アーバンリサーチにはなんとか入り込みたかった。そこで個別に営業訪問をして、ほかよりも先行で販売することと、販売スタート時にアーバンリサーチのウェブサイトで商品の背景も含めて大きな記事にしてもらうことが決まった。

思ったとおり、アーバンリサーチでの展開が始まった後、新規の引き合いはぐっと増えたのである。

二〇一〇年九月　雑誌に初掲載された！

二度目の展示会「大見本市」に出展。追加のアイテムも好評で、受注が加速する。インテリア雑誌エル・デコに商品が紹介される。マルヒロの商品が雑誌に紹介されるのは初めてのことだ！　みんな、誇らしい気持ちになった。

二〇一〇年一〇月　慣習にとらわれず柔軟に

ｓｙａｒｅｔｏｗ．のカタログ発行に向けて、商品政策を話し合う。

まず年間スケジュールを考える。

ＨＡＳＡＭＩは毎年六月に、新しいシリーズを出すことにした。その理由は、消費者目線で考えたとき、すべてのアイテムを同じ釉薬で展開していくのは、効果がないと感じたから。コップと花瓶を同じ色で揃えたい人はたぶん少ない。逆にいやがる人の方が多いだろう。それにつくる側も面白くない。ひとつのヒットにしがみついて、そこで得たわずかなブランド力をすり減らしていくべきではない。

だから色、つまり釉薬は定期的に変えていこうと決めた。色に特徴のあるブランドでもあるからだ。しかしここまでの経験から、釉薬と生地を安定させるのがどれほど難しいことかは理解していたので、頻繁には変えられない。そう考えると年に一回、釉薬（＝シリーズ）を変えて、残り二回の展示会はアイテム追加に留めるというベストのサイクルを導き出した（中川政七商店は年に三回展示会を開催している）。

となると、ｓｙａｒｅｔｏｗ．の商品サイクルも決まってくる。限られた人的資源で、一時に商品の企画業務を集中させるべきではないからだ。そもそもカタログ発行を年二回に切り替える狙いは、企画の負荷分散でもある。ｓｙａｒｅｔｏｗ．の新作は、二月と九月の展示会で発表することにした。また、商品の供給開始は展示会の二カ月後くらいが適切なので、変則ではあるが、二月に夏秋カタログ、九月に冬春カタログを出すことにした。春夏、秋冬が普通ではあるが、変則にしても取引先に不都合はないという判断だ。

この件に限らず、業界のルールや慣習は、顧客の都合ではない場合が多い。慣習にとらわれずに、変えていくことは大事である。

年間スケジュールが決まったところで、ｓｙａｒｅｔｏｗ．の「二〇一一夏秋」の商品政策を考えていく。昨年とは違い時間もあるし、一度やり方を教えたところでもあるため、一歩引いてマルヒロのスタッフ主導で考えてもらう。

テーマ別アイテム表の検討は、最初うまくいかなかった。匡平くんたちは、昨年の結果を十分吟味せず新テーマを考えようとしてしまった。まさに木を見て森を見ず。何事も大きなところを考えてから、小さいところを決めていくのが原則。いきなり小さなところから入っては、商品政策が積み上がっていかない。

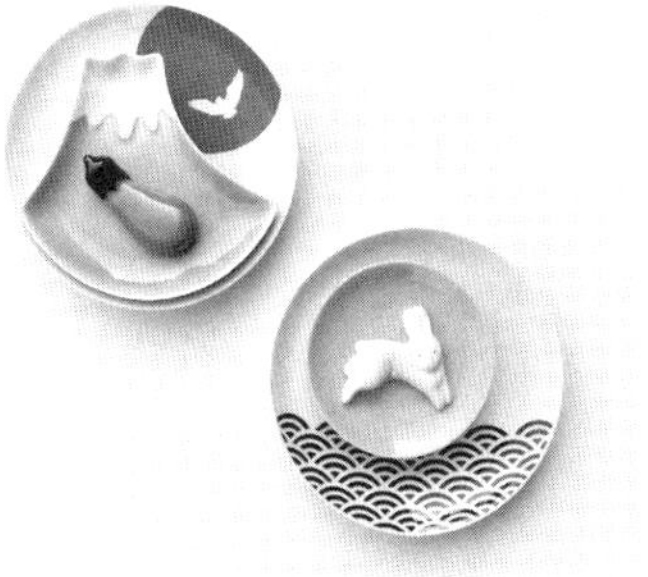

マルヒロのスタッフが自分たちで考えた「日本のいわれ」シリーズ

一方で、新テーマを実際に考える部分は大分コツをつかんできたようだ。「長崎凧」や「日本のいわれ」シリーズはマルヒロスタッフが自分たちで考えたもの。これらは後にヒット商品となる。

二〇一〇年一一月　資金繰りを乗り越えて

順調に注文が増えてくる。それに伴い仕入も増える。仕入と売掛の回収には当然時間差があるため、資金繰りが厳しくなる。商品は売れているので、なんとかここを乗り切りたい。いろいろとアドバイス。馬場社長が銀行に状況を説明してつなぎ融資を受け、年末を乗り切ることができた。

だが、資金繰りと製造工程の問題で品切れが続く。せっかく確保した棚が他の商品に奪われるマイナスをきちんと理解してもらう。あわせて追加発注のタイミングと量について基本をレクチャーする。

二〇一一年二月　企画するためのロジックが見えてきた

HASAMIの二年目のシリーズについて考える。

初年度の商品は、六〇年代アメリカのダイナーにある食器をイメージして、匡平くんが企画・デザインした。そこで、年ごとのシリーズは「国」をテーマに展開することにした。またアイテムは、初年度がダイナーのイメージからカフェ周りの商品にまとまっていたので、アイテム展開も「シーン」を決めて展開することにした。正直なところ、最初やっているときはそれほど意識していなかった。しかしあらためて整理してみることで、「企画するためのロジック」が見えてくる。ロジックを確立することで商品を考えやすくなるし、お客さんにも意図が伝わりやすくなる。こういうロジックは、最初から見えていることもあれば、あとから見えてくることもある。行ったり来たりしながら整理して固めることが大切である。

シーズンテーマ＝国を決める。

↓

シーンを決める。

↓

アイテムやテイストが見えてくる。

二年目のテーマはメキシコ、シーンはランドスケープ（庭、アウトドア）に決まった。テーマが決まればあとはやるだけ。メキシコから連想するキーワードや、デザインリソースを集める。シーンから考えられる展開アイテムについてブレストする。ここで初年度のアイテムが活きてくる。メインアイテムは早々に決まった。植木鉢である。

ちなみに、なぜテーマがメキシコなのか。それは単に匡平くんの思いつきだ。ブランドマネジャーである匡平くんがそのときに興味をもつものは大切にしたい。最初はメキシコに半信半疑ではあった。しかし面白いもので、それ以降、旅行雑誌でメキシコ特集が組まれたり、たまたま目に留まった絵本がメキシコのものだったりということが立て続けに起こり、メキシコで大丈夫だと思えた。

少し横道にそれるが、シリーズのことをなんと呼ぶか、言葉を選ぶのに二時間くらい費やした。シリーズ1、第一弾、アメリカっぽい感じでエピソード1などなど。最終的にはシーズン1（実際の表記はseason 1）と呼ぶことにした。たかが呼び方ぐらいと思われるかもしれないが、これもブランドを形づくる大切な要素のひとつ。当時『24』などアメリカのドラマがはやっており、シーズン1と表記されていた。アメリカの流行りものにあえてのる感じが、HASAMIらしいとのまじめな判断である。

シーズン2のテーマはメキシコ。
メキシコらしい色展開に

既存ブランドのリブランディング

いよいよ二〇一一夏秋のカタログ製作が近づいたタイミングで、syaretow．のリブランディ

長崎
波佐見焼
馬場商店

思い切って既存のブランド名を変更。創業当時の屋号からとり、馬場商店に

ングを提案した。以前にｓｙａｒｅｔｏｗ．を見直した際、総合カタログでブランドとして打ち出さないことを決めたが、商品数も売上もそれなりにあるため、埋もれさせるのはもったいないと感じたからだ。

直営店の名前は、ｓｙａｒｅｔｏｗ．を漢字表記した「洒落陶（しゃれとう）」。非常にわかりにくい上に、自分でおしゃれだと宣言するあたりが非常に厳しい。そこで、思い切ってブランド名を変えることにした。そもそも社名である「マルヒロ」のいわれを聞いてみると、元々は馬場廣男商店だったのこと。九〇年代のＣＩブームの時に漢字からカタカナに変えてしまったらしい。なんともったいない。あれこれと勘案し、最終的には「長崎波佐見焼　馬場商店」とし、ロゴマークも昔から波佐見焼につけられている「五弁花」とした。波佐見を背負って立つにふさわしい名前だ。

二〇一一年三月　未知のアイテムは徹底して研究を

ＨＡＳＡＭＩのシーズン２のデザインが進む。まず色。ルイス・バラガンに代表されるメキシコの建築物（特に土壁）は、非常にカラフルで美しい。それをややマットな釉薬で表現する。またアステカ文明のマスクのひび割れをイメージし、「墨貫入」という伝統的な技法を使うことを決めた。ひとつひとつのデザインがきちんとテーマから導かれることで商品に深みができる。そして、その深みは商品の魅力となり、お客さまにも無意識に伝わる。

植木鉢という、まったく経験のないアイテムに挑戦するに当たり、まずは地元のホームセンターをはしごして情報を集める。どんな形やサイズのものが売れ筋なのか、機能としてどういうことが必要なのかなど、店頭に行けば分かることはたくさんある。店頭で一番種類が多く展開されているサイズが売れ筋のサイズだろうと予測がつく。他にも専門誌を読むことやエキスパートの話を聞くことなど、まず業界の概要と商品の詳細を知ることは、会社の規模、ブランドや商品のレベルを問わず、大切なことである。

二〇一二年四月　地元での認知度アップが課題に

東京では、いろんな店でＨＡＳＡＭＩを見かけるようになってきた。しかし、地元ではまったくといっていいほど認知度が低い。売れていることすら知られていない状態だ。地元とは得てしてそういうものなのだが、波佐見を背負って立つ以上は長崎土産として認められたいよね、という話から、長崎での認知度アップについて考えることになった。

長崎は、出島あり坂本龍馬ありの観光都市だが、いわゆる観光地にマルヒロの商品はまったく置かれていない。観光地のお土産屋さんが東京の展示会に行くことはない。だとしたら、こちらから営業に行かなければならない。商品的にも、もう少し長崎土産らしさが欲しいところだ。そのあたりは、馬場商店の商品政策で取り込んでいくことにする。長崎凧シリーズはこのながれからできた商品である。何事も、どうしたい、どうなりたいという「意図」から生まれなければならない。意図のない商品政策はよくない。

二〇一二年五月　焼きものにファッションを持ち込む

ＨＡＳＡＭＩシーズン２の発表までもうすぐだ。ファーストアルバムがヒットしたアーティストはつらいよねと揶揄されながら、きちんとした商品に仕上がった。

このところ、コラボの話をたくさんいただく。とくに多いのが、ポーターなどファッションよりのブランドからの話だ。洋服が売れない時代のため、アパレルブランドがこぞって生活雑貨を展開するようになったためである。まさにそれこそが、ＨＡＳＡＭＩが成功している要因でもあると分析する。ＨＡＳＡＭＩは焼きものの世界にファッションの感覚を持ち込んだ。だからファッション系のお店からの引き合いが多い。これは、アーバンリサーチとの取引が決まった時点である程度気づいていたことだ。そもそもファッションは、匡平くんのやりたい領域でもある。

ではこの流れに乗って、ＨＡＳＡＭＩの展開アイテムをアパレル的なものに広げてよいのだろうか？　答えは否である。ひとつには、ＨＡＳＡＭＩというブランドの状態（デビューから一年もたっていない）を考えると時期尚早であること。まだまだ多くのお客さんはＨＡＳＡＭＩを知らないし、知っていたとしても十分に理解されていない。もうひとつの理由は、多くのアパレルでは器とアパレルアイテムとでは仕入の担当者が違うことだ。実はこれが大きい。アパレル担当バイヤーの範疇になったとたん、比較対象がアパレルブランドになる。向こうは本業、こっちはぽっと出の焼きもの屋。当然分が悪い。

だから、コラボするのはかまわないが、アイテムを広げるようなやり方は控え、テイストを広げるような場合のみやっていこうということで話が決まった。

竹内俊太郎さんとのコラボで生まれた限定のカップ&ソーサー

アーティストの竹内俊太郎氏とのコラボでは、HASAMIブランドではなかなかできないグラフィックを使ったマグカップを展開している。

二〇一一年六月　分業の壁を越えてつながる

勝負どころのシーズン2も好評を博し、HASAMIというブランド自体に一定の目処がたった。今回で、私が長崎に来るのは最終回となる。馬場社長夫妻をはじめ、スタッフの方々とお別れの食事会。お世話になった産地の方々にもご挨拶する。分業制ゆえに、お互い相談もせず仕事をする土地柄であったのが、ＨＡＳＡＭＩというひとつの価値観を通じて分業の壁を越えてつながれたことが何より大きかったと思う。

二〇一一年一〇月　会社のグランドデザインを考える

奈良にて、本当の最終ミーティング。ちょうどスタートから二年がたち、様々な状況が大きく変化した。最終回はマルヒロという会社のビジョン、グランドデザインをあらためて考える回とした。

波佐見に映画館を建てるという計画はその後、カフェも併設したい、窯も稼働させたい、などと広がり「ＨＡＳＡＭＩ　ＰＡＲＫ！」計画へと進化した。ネーミングも大事だし、常にイメージすることが実現につながるので、絵に描いて事務所に貼っておくよう提案した。

これから会社を運営していくなかで必要になる考え方は、すべて伝えた。業務システムリプレイスのタイミング、銀行との付き合い方、採用、匡平くんの見え方のコントロールなど。そして最後はもちろん借金の返済計画！　これも非常に重要だ。

コンサルティングを終えて

二年間、匡平くんも私も本当に必死にやってきた。結果としてはできすぎの面もあるが、多くのことをマルヒロに残すことができたと思う。初めて奈良に来たとき、社長である父親の陰に隠れておどおどしていた青年が、今では立派な経営者の顔になってくれた。これから先、すべてが順風満帆にはもちろん行かないだろう。しかし、その都度しっかり考えてやっていけば、必ず乗り越えられると思う。

最初に波佐見に行ったとき、マルヒロの強みを見つけることができなかったが、あらためて振り返ると、匡平くんこそがマルヒロの強みだったのだと思う。これからも盟友として共に日本の伝統工芸を元気にしていこう！

第2章

「世界で一番ちゃんとしたかばん屋さん」になる方法

バッグワークス株式会社（兵庫県豊岡市）

創業●一九五四年
代表者●高島茂広
従業員数●六名
売上高●八〇〇〇万円（ピーク時二億三〇〇〇万円）
事業内容●業務用カバンの受注生産
背景●兵庫県豊岡市は日本最大のカバンの産地。化学繊維を使ったカバンを得意とし、高度経済成長期には国内市場の八割を生産していたが、バブル崩

＊数字はコンサルティング開始当時のもの

壊後は外国産に押されて低落した。現在は地域ぐるみで地域ブランド「豊岡鞄」の定着に取り組みつつ、数社は自社ブランドを興して復興に努めている。バッグワークスは業務用カバンの受注生産を手掛ける中堅メーカーで、カバン工業団地の一角に工場・事務所・直売店を構えている。代表・高島茂広は豊岡鞄をもり立てる取り組みを重ねてきた人物。ISO（品質マネジメントの国際規格）の取得など、自社の信用を築くことにも熱心である。

二〇一一年四月　ブランディングとは何か

ブランディングに興味をもたれた社長の高島茂広さんから、面会したいとの連絡をいただき、早速奈良までお越しいただくことになった。

話は地域ブランド「豊岡鞄」の現状から始まった。「豊岡鞄」とは、豊岡市内の認定された企業が製造したカバンのうち、さらに一定の品質基準を満たした商品のみが名乗ることが出来る商標である。高島さんは兵庫県鞄工業組合の理事長として、「豊岡鞄」の地域ブランド登録に向けて奔走し、二〇〇六年に認定を受けた。愛媛県の「今治タオル」が質の良い国産タオルの象徴となったように、このブランドが豊岡産カバンの優秀さを伝えるシンボルとなり、品質価値を伝え、地域の産業を支えることを期待してのことだ。

カバン産業の歴史

その背景には、台頭する外国産カバンへの危機感があった。豊岡のカバン産業の歴史は古い。地域に自生するコリヤナギ（行李柳）を編んで、行李をつくっていた奈良時代が起源だ。技術は受け継がれ、江戸時代には「豊岡の柳行李」と世にうたわれる名品となった。明治時代には、行李に持ち手をつけたトランクがパリ万博に出品されている。そして、昭和に入ると素材が化学繊維に代わり、ビジネスバッグやスポーツバッグを大量生産する一大産地となった。活況に合わせて「材料商」「メーカー」「卸問屋」の専業化が進み、より円滑に製造から流通が運ぶよう体制が整った。

ところが、高度経済成長の終わりと共に注文は頭打ちとなる。さらに円高が進むにつれ、卸問屋は外国産の安いカバンを仕入れるようになった。価格競争にのまれて状況は悪化し、生産高は最盛期の三分の一まで落ち込んだ。

厳しい状況のなか、バッグワークスは、豊岡産カバンの品質価値が伝わる仕事を心がけた。自社サイトを分かりやすく整備したところ、企業から業務用カバンの問い合わせが入るようになり、やがて業務用カバンの製造を専門とする現在の会社の姿が出来上がった。

高島さんはその後も、自分たちの仕事の価値が伝わる方法を模索し続けてきた。地域ブランドの論文を読み、産学協同プロジェクトに参加し、工場に直売店を併設した。どれも相応に結果を得たが、今後の軸とするには決め手に欠けていた。そこで私に声がかかった。

どう戦うか　ゴールの設定

私にできることとは、会社に必要なゴールとそこに到達する道筋を描いて見せることである。言いかえれば「会社の『やりたいこと』を明確にし、そこに『できること』を集中させて実現しましょう」という活動だ。当事者のモチベーションが起点となるので、社内一丸となって取り組みやすい中小企業に向いている。

高島さんの「やりたいこと」とは、経営に活路を見つけること、地域ブランド「豊岡鞄」を育成すること。そして、「仕組みやコンセプトが一貫している商品を提案したい」とのこと。

これまでバッグワークスが試行錯誤してきた活動は、それぞれに意義があるものの、内容はまちまちだった。そのため、後に残った結果はお互いつながりをもたず、会社として一貫したブランドを築くことができていなかった。

本当に必要なのは、会社が利益を生み続けられる骨の太い仕組みと、それを実現する正しいブランディングである。それにはまず明確なゴールの設定が必要だ。

この日、おそらく高島さんの頭には一般消費者向けカバンの新ブランドをつくる考えがあっただろう。だが、あらかじめ誤解を解いておきたかった。新商品や新ブランドは、あくまで手法であって目的ではない。定めたゴール次第ではそれらの開発は必要ないかもしれない。

そう説明すると、戸惑いはあったと思うが、コンサルティングを正式に依頼してくれた。

私の条件は以下の二点だった。
・意思決定権のある人と仕事ができること
・費用は月一回の現地訪問で月額二五万円

翌日、高島さんからメールが届いた。
おはようございます。昨日はお世話になり、ありがとうございました。
コンサルティングの契約も出来て、少し勇気が湧いてきました。
これからしばらくの間、深いお付き合いになりますが、
よろしくお願い申し上げます。

私はこう返信した。

昨日はありがとうございました。

コンサルティングが決まったことのうれしさも一瞬で、もう昼過ぎからは頭と胃を痛めながらいろいろと考えているところです（笑）。

互いに率直にやることが何より大切だと思います。

年齢立場関係なくやっていきましょう。これから一年間よろしくお願い致します。

二〇一一年五月　どんな未来を描きたいのか

次のステップは「知る」ことだ。財務状況、スタッフの技術と人数、後継者の有無。バッグワークスに必要なゴールを見極めるためには、会社の内外のことをもっと知る必要がある。顔合わせの次は、私が豊岡まで訪問することにした。高島さんにあらかじめ次の希望を伝えてあった。

・バッグワークスの社内、工場を見学したい
・市内の同業他社の様子を見学したい

・地元の人が絶対に行かない「カバン博物館」のたぐいに行きたい

バッグワークスの本社は、整理整頓が行き届いていた。設備は中小企業相応だったが、機械は古くても手入れされ、資材は出し入れしやすく保管されていた。スタッフは適度に間隔を保って作業に集中し、ミシンの音とラジオからのニュースが小さく流れる落ち着いた工場だ。一見当たり前だが、資材の出し入れが頻繁に行われるものづくりの現場では、散乱する資材をスタッフがよけて歩くような環境も珍しくない。

知り合ってすぐに分かったことだが、高島さんは芯からきちんとした人だった。時間に遅れることなど絶対になく、頂く資料は的確で順序よく並んでいる。すべてに丁寧で、自ずとこちらも居住まいを正したくなるほど。また、それを当然だとして誇らないところも、実に高島さんらしかった。

お客さんがいない産地の実情

社内を見学した後は、市内に出る。同業他社の自社ブランド品が置かれている店を視察した。商品に力を入れていることは伝わったが、何よりお客さんがいない。そもそも豊岡の町を歩いている人自体が少ない。聞けば、お客さんの多くは城崎温泉への道中に立ち寄る観光客だとか。カニのおいしい季節となる冬に、「カニ＋温泉（＋豊岡鞄）」というバスツアーが増え、そのときだけ売上が伸びる、と高島さんは苦笑した。そんな他力本願な集客に頼るのは、商売として心もとない。しかしこれが産地の実情、ここは東京や大阪ではないのだ。

それでも、最後に立ち寄った但馬地域地場産業振興センターの資料室は面白かった。私がリクエストした「地元の人が絶対に行かない」タイプの施設だ。柳行李から学生カバンまでが所狭しと集められ、カバン産業の変遷がよく分かった。使い込まれて飴色になった柳行李トランクや、網目の揃った飯行李など、グッとくるものが並んでいた。ただ残念なことに、現在の豊岡でこの行李を編める職人はほぼおらず、産業としては既に消えてしまっているという。

強みと弱みの分析

会社に戻ってから本格的なヒアリングをする。

まず売上について過去五期分の決算書を読み解きながら分析を進める。主軸となる業務用カバンの受注が落ち込んでいる。問題は二つある。ひとつは、引き合いがあっても見積りの値段が合わず、話が流れてしまう成約率の低さ。実は年々、企業の一回の発注量が少なくなる傾向があり、どうしても単価が上がってしまうという。二つ目は、大口の発注が入るか入らないかで年度の売上が極端に左右されてしまう危うさ。この二つを解消するには、単価に左右されず納得して発注してもらえる案件を、年間を通じて確保しないといけない。

一方で、工場直売店の売上は安定して伸びている。ネット通販で販売しているビジネスマン用パソコンバッグも、安定した売上を保っている。ただし、その二つを合わせても全体の一割に過ぎない。

次に従業員。五名いるが、後継者候補はまだいなかった。この先一〇年は現役で働くつもりの高島さんの頭には後継者問題がまだなく、人材育成も道半ば。しかしこの点がひっかかった。どのようなゴールを掲げて進むにしろ、会社の存続と一致していなければ意味がない。今後の経営について真剣に考えるよう求めた。

さらに、バッグワークスの強みと弱みを分析する。高島さんが考える強みは、「品質基準が高く、機能的な業務用カバンをつくれること」。弱みは「一般用カバンの開発経験が少ないこと」。

カバンの機能を設計することには自信があった。防水、耐光、耐塩、耐熱――それぞれを叶える素材の選び方を知っている。強度を高める縫製方法をいくつも提案することが出来る。一方で、一般用カバンをつくるためにはまったく別の視点が必要だった。例えば、バッグワークスにはカバンの色を決めるデザイナーがいない。業務用カバンは顧客の希望に沿った色でつくるからだ。

うまくいく仕組みを模索する

最後にもう一度、バッグワークスがどうなりたいのかを聞いた。迷いを胸に、高島さんはこう答えた。

・一般用カバンもつくりたいが、開発力がなく、目ぼしい流通先もない。
・「豊岡鞄」という地域ブランドでつくりたいが、自社ブランドとの関係が見えていない。
・一〇年後、二〇年後どのような会社になりたいのか、答えが見えていない。

私は断言した。

「大丈夫、要はやり方の問題です。上手くいく仕組み、方法を探せばいいのです」

【現状と希望】

・売上の九割は業務用カバンのオーダー。

・業務用カバンは一般用カバンにくらべて利益率が高い。
・一般用カバンの製造、販売に興味がある。
【強み】
・バッグワークスも高島さんも信頼できる。取引相手としてこれ以上大切なことはない。
【弱み】
・一般用カバン市場は洋服にならぶ激戦区、現状では通用しない。

これらを踏まえると「業務用カバンのオーダーの成約を増やすこと」が、会社の売上を伸ばす一番の方法だ。

バッグワークスは年間七二〇〇万円を業務用カバンの製造で稼いでいる。この大きな売上を放り出して、まったく関連のない方向に走りだすことはできない。では、高島さんが希望する一般用カバンへの挑戦は叶わないのだろうか。私にはある思いつきがあった。業務用カバンの受注率を上げる取り組みのひとつとして、一般用カバンを発売するのだ。

業務用カバンを発注する担当者は、その業務についてはプロだが、カバンについては素人だ。例えば、A社が新しいプロジェクターを商品化すると決める。開発者は商品にケースが必要なことに気が付く。さて、どこでつくれるのだろう。経験のない彼は、先輩に業務用カバンの発注先を知らないか聞くだろう。インターネットで「業務用カバン」を検索するだろう。発注先で悩んでいることを友人に話すだろう。

そのとき、誰かが「こないだ見かけたバッグワークスってカバン、もともと業務用カバンをつくっているメーカーのだって。カッコ良かったよ」と勧めてくれればいい。

自分が知っている

＜

知り合いが知っている

＜

誰も知らない

ブランドの大前提は認知である。無数にある無名メーカーか、聞いたことがある名前のメーカーか。この差は大きい。会社名が世間に認知されたら、受注チャンスが増えるのだ。さらにその企業にいいイメージがあれば、高価格でも品質を認めて購入してくれる。だから、業務用カバンメーカー「バッグワークス」としてのブランド力を強化するような一般用カバンを製造・販売できないだろうか。

目標は決まった。

商品を通じて企業姿勢が伝わる

そもそもブランディングは、法人向けのビジネスと相性がいい。個人向けのビジネスの世界は、どうしても流行の移り変わりに左右されてしまう。ところが法人向けであれば、一度築いた信頼や実績はそう簡単には揺るがない。

また、勝負は商品だけでは決まらない。私は「商品から会社が透けて見える」と中川政七商店のスタッフに教育している。つまり、会社の姿勢や心構えは商品やサービスを通してにじみ出るのだから常に自律しなさい、と。今回は逆だ。真面目で誠実な高島さんの姿勢は、バッグワークスの何よりの強みである。その「ちゃんとした」姿勢が商品を通じて伝われば、相手先企業にとって安心できる取引先になれるはずだ。

自分の目と耳で「知る」ステップはやはり重要だ。「相談ごと」が「私たちがすべきこと」にぐっと変化する。

一般用カバンの新ブランドをつくる、という結果だけを見れば、高島さんの頭の中に当初からあるプランと変わらない。けれども、その目的は法人顧客に対するブランディングなのだ。

どんな新ブランドをつくればよいのか。バッグワークスをどう見せていけばよいのか。その日のノートには、「信用」「ちゃんとした」と随所に書きこまれている。この言葉が今後のキーワードになっていく。

二〇一一年六月　市場になかった新しい軸

コンサルティングの最中、私は折に触れて「高島さんはどうしたいですか?」と尋ねた。正解が決まっているような選択にも、確認を欠かさなかった。社長が本気で「やりたい」と思ったことがすべての軸になる。当事者の意思を置き去りにしてはならない。そう思うと、この日のスタートは異例だった。

バッグワークスの「やりたいこと」をまとめたので提案させて欲しい——そう申し出た。実は、バッグワークスの生きる道を思いついてしまったのだ。

市場のすみ分けと参入の余地

前回の訪問から帰る電車内のこと（奈良から豊岡までは、ＪＲ福知山線で三時間かかる）。私は一般用カバン市場のすみ分けについて考えていた。今は三方向の強い軸がある。ファッションバッグ、用途特化カバン、雑貨バッグだ。ファッションバッグはクラッチバッグなどのおしゃれなカバン。ルイ・ヴィトンなどハイブランドが幅を利かせている。用途特化カバンは、トランクやブリーフケースなど目的に特化した個人用のカバン。ブランドで言うならばエースやトゥミなど。雑貨バッグは日常生活で使うカジュアルなカバン。一澤帆布のトートバッグやエコバッグなどが該当する。

そこで、バッグワークスはどのようなカバンをつくればよいのだろうか。カバン市場はすでに飽和状態で、たくさんのメーカーがしのぎを削っている。デザイナーすらいないバッグワークスには、厳しい挑戦になることは自明だった。いったい、この中のどこに可能性があるのだろうか。

大阪駅まであと一時間となった頃にひらめいた。そうだ、仕事のカバンだ！　プロが使う業務用カバンをリデザインした一般用カバンをつくればいい。

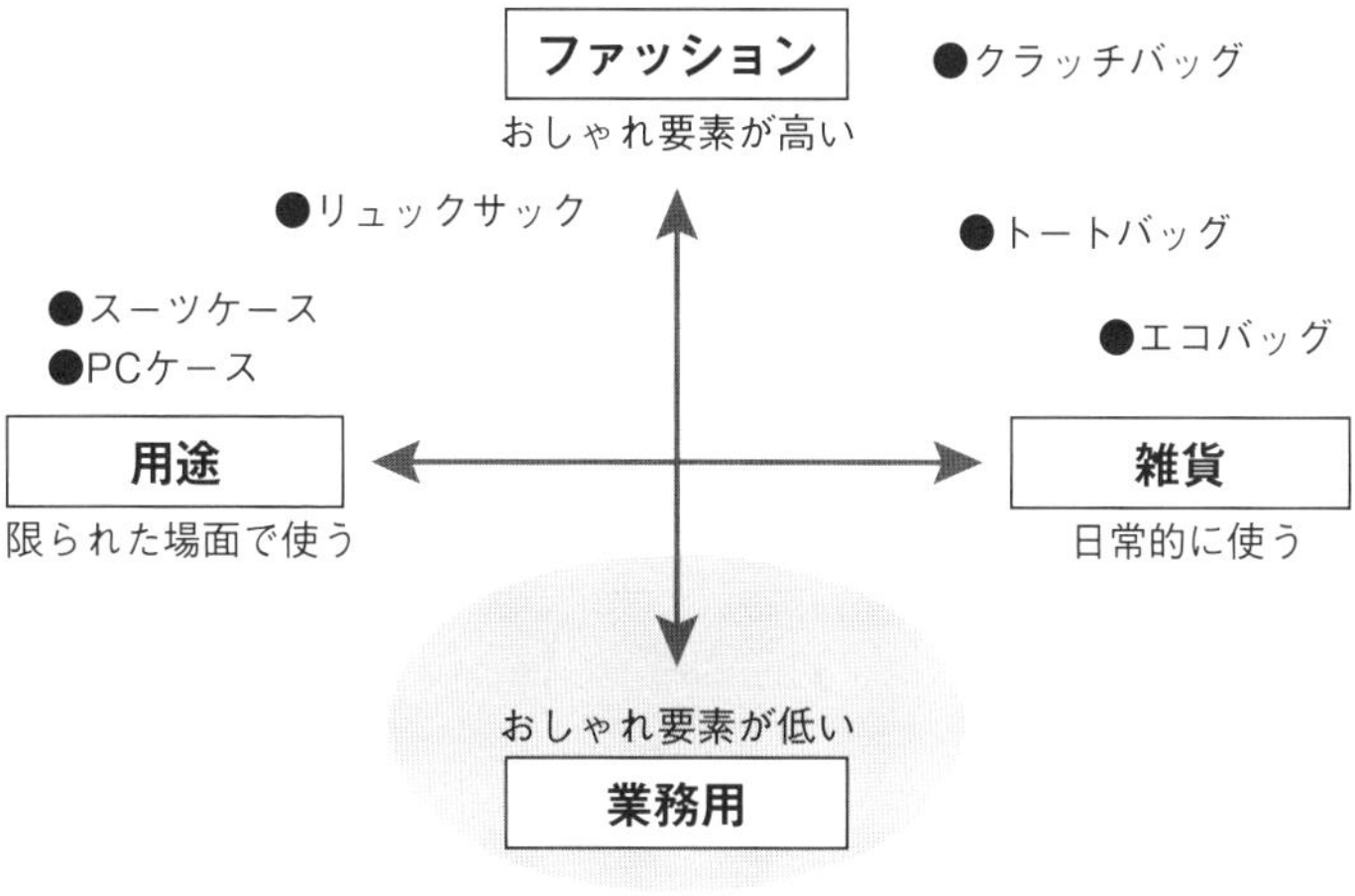

カバン市場のポジショニング

バッグワークスが過去につくった業務用カバンは三〇〇種類を越える。郵便配達カバンなどおなじみものから、自動車のナンバープレート管理ケースなど誰も知らないものまで存在する。それらの特徴を残しつつ、一般にも使えるカバンをつくる。郵便配達カバンはショルダーバッグになるし、ナンバープレート管理ケースは大ぶりのポーチになるかもしれない。

メリットは三つある。

①業務用カバンメーカーがつくった仕事のカバンなら、安全・丈夫な本物のつくりが一般消費者にとって魅力的に見える。

②店頭に並べば業務用カバンを連想させ、

「業務用カバンメーカーとしてのバッグワークス」というイメージを強化できる。

③これまでバッグワークスが手掛けてきた業務用カバンをもとに新商品をつくることが可能。商品開発の負荷を軽減できるうえ、デザインだけで勝負をしなくてよくなる。

ならば、参入したい市場のポジションは、ファッションバッグでもなく、用途特化カバンでもなく、雑貨バッグでもない。新たなポジション、業務用カバンだ。今まで一般用カバン市場にはなかった軸をつくり出す。

信用を強みにしたコンセプト

バッグワークスの会社としてのコンセプトも膨らんできた。バッグワークスの一番の強みは、製造技術ではなく「信用できること」だ。業務用カバンの発注担当者は、カバンの製造に関して予算、納期、品質に不慣れな分、すべてを問題なく任せられる「信用できる会社」と取引がしたい。ＩＳＯ（品質マネジメントの国際規格）を取得している工場、分かりやすく整備されたオーダー方法、そして何より高島さんのきちんとした対応。バッグワークスは初めての取引から信用に足る会社だった。

あとはその信用を各所で体現する必要がある。では、会社のコンセプトは「世界で一番ちゃんとしたかばん屋さん」でどうだろう。ロゴマークや商品デザインは、素朴でかわいらしくも質実剛健さを感じさせる「東欧」のイメージがよいのではないか。

このコンセプトを表現する言葉を丁寧に選び、表現を詰めていく。

◯「しごとのかばん」
×「はたらくかばん」
理由　業務用カバンであることをより連想させやすくするため

◯「しごとのかばん」
×「仕事のカバン」「しごとのカバン」
理由　かわいらしさをより主張するため

◯「世界で一番〜」
×「日本で一番〜」
理由　概念的な表現、ものの譬《たと》えなので思い切りよく

◯「ちゃんとした」
×「きちんとした」
理由　四角四面な対応、ではなく、しっかりしている感を出す

○「信用」
×「信頼」
理由　発注先に頼られるのではなく、対等な立場で誠実さを評価されたいから

どちらでもいい、と感じる細かいこだわりかもしれない。だが大切なのだ。「こうなりたい」という姿は、明確であればあるほどいい。細部を突き詰めることで、全体像を定めることができる。辞書を開くと「信頼」と「信用」は確かに意味が違う。

これならば「仕組みやコンセプトを通じて、一貫している商品を提案したい」という、高島さんの当初の希望に沿った提案となっているはず……。心配をよそに、高島さんは内容にすっかり同意してくださった。これで決まった。

【会社のブランドコンセプト】
「世界で一番ちゃんとしたかばん屋さん」
【一般用カバンの新ブランドコンセプト】
「しごとのかばん」
【デザインコンセプト】

「東欧」（素朴、質実、かわいいイメージ）

【商品名】

すべて「～マン」とする

その日は話が弾んだ。以下、当時のメモを載せておく。こういう子供じみた夢がいくらでも出るアイデアは筋がいいと感じている。

・ポストマン型のバッグを販売し、日本郵政から業務用の集配バッグを受注する。
・キッザニアから子供用の業務用カバンを受注し、お土産としても大人気になる。
・各界の権威と組んだ「しごとのかばん」。姜尚中監修の「プロフェッサー」など。
・最後は「サラリーマン」という普通の黒カバンをつくってかっこよく終わる。

ブランドマネジャーの役割

バッグワークスは、前に進むための大きな地図を手に入れた。後はものづくりに集中する段階だ。この先は、高島さん自身が新ブランドのブランドマネジャーとして主導することになる。改めてプロジェクトに必要となる役割とその働きを確認する。

【ブランドマネジャー】　商売としての仕組みをつくる。この商品のテーマとコンセプトは何か？　どんなアイテムを幾らでつくり、いつ、どこで発売するか商品政策を決定する。

【クリエイティブディレクター】　商品政策を理解して、クリエイティブよりの方向性を打ち出す。何がデザインのキモで、どのような仕様の商品にするか。

【デザイナー】　クリエイティブディレクターの伝えることを形にする。手を動かす仕事で、商品に関する決定権はもたない。色や形を考える。

ブランドマネジャーとクリエイティブディレクターの役割は当面私が果たすが、ゆくゆくは高島さんに引き継ぐ形を目指す。懸案だったデザイナーについては、ひとまず東京にいる高島さんの娘の春菜さんにお願いをすることに決めた。

デザイナーとは、ブランドマネジャーやクリエイティブディレクターの目指すところを理解し、具体的なデザインでレスポンスする役割だ。ブランドの成長をすべて知る人となるのだから、出来れば社内に抱えたい。後継者問題と併せてこの件を考えるよう、高島さんにアドバイスする。

まずは会社の名前を広めること

もうひとつ、高島さんに伝えたいことがあった。

「今のタイミングで『豊岡鞄』ブランドにこだわることはやめませんか。まず、バッグワークスの名前を広めることに集中しましょう。バッグワークスが成功すれば『バッグワークスって豊岡ってところにあるんだって。豊岡って日本最大のカバン産地らしいよ』となると思います」

「豊岡鞄」ブランドの向上に長年取り組んできた高島さんだったが、これには納得した。バッグワークスが先陣を切って産地の一番星になればいい。覚悟のもと、以降「豊岡鞄」というキーワードは姿を消した。

二〇一一年七月　イメージコラージュでアイデアを具現化

この日のバッグワークスの会議室は、さながら工作室のようだった。大きなボール紙に積み重なった写真集、カラーコピーの束。ボタンやティーポット、ピンバッジなどもある。何がはじまるのかというと、イメージコラージュをつくるのだ。イメージコラージュとは、

「しごとのかばん」について各人の頭の中にある「っぽさ」を具体的なビジュアルに落としこみ、最終的には言葉で共有できるようにする作業だ。ものづくりの段階に入ったので、まずデザインのトーン&マナーを決めなくてはならない。

イメージ集め

前回、全員に「しごとのかばん」らしいイメージを集めておくよう宿題を出した。イメージリソースは「東欧」と決まったので、特に東欧のデザインの本、雑貨の本、ガイドブックなどを注力して探すようにとアドバイスする。本日よりデザイナーの春菜さんも参加する。楽しい作業だったが、高島さんのことが不安でもあった。おそらく高島さんには、これまで「東欧」に対する興味、関心などみじんもなかっただろう。自分のなかにないテイストを「しごとのかばん」らしさとして見つけることができるだろうか。

作業は集めた資料の紹介からはじまった。高島さんは予想に反してたくさんのイメージを集めていた。聞けば、東欧に関する本をありったけ購入し、東欧雑貨の店をまわり、東欧の映画を二作品みて準備をしたのだとか。その真面目さに心底敬服する。イメージコラージュは、どれだけたくさんのイメージを議論できるかで精度が変わる。このときだけでなく、資料を準備する高島さんの熱意には何度も感謝した。

まず、それぞれが選んだイメージと選んだ理由を述べていく。例えば「この数字のチケットは、数字しか書いていない単純なところ、紙がざらざらしているところが『バッグワークス』っぽいと思った」という具合だ。「なんだかわからないけどそれっぽい気がする」というイメージについては、全員でその理由を考えた。

しばらくすると、雰囲気の似たイメージが集まっていることが分かってくるので、グループに分けていく。さらに、そのイメージ同士の共通点を言葉にして集めてみる。「紙がザラっとしている」「かすれた印刷」「キリトリ点線が入っている」など。なるべく誰もが同じビジュアルを発想できる言葉になるように心がけた。「庶民的」や「素朴」では、

「東欧」をキーワードにそれぞれが集めてきたイメージを貼り付け、整理していく

人によって解釈が変わってしまうためNG。抽出された言葉は以下のとおり。

数字、ミシン目、アイコン使い、かすれ、機能性、工業製品（手で動かす原始的な道具）、暗い、雑、薄い紙、安っぽい、ざらっとした、くすんだ色、赤と黄色。

最後に大きな紙に選んだイメージを貼り付けて、デザインのトーン&マナーが出来上がった。このイメージコラージュをもとに、今後は商品のパッケージやチラシを考えていく。私はもう少しグラフィカルなものもほしい、とリクエストした。実際に商品をつくる際には、無地だけではないだろうからだ。「決定事項が商品にどう影響するか」という視点を常に忘れてはいけない。

商品モデルの決定

次に、商品のモデルを決める。商品政策の出番である。「しごとのかばん」のコンセプトは「業務用カバンを一般用にリメイク」だ。モデルとなる業務用カバンの選定は重要だった。バッグワークスが今まで手掛けた業務用カバンのサンプルを見ていく。

最初に決まったのは、牛乳配達用のトートバッグだ。マチが広く、牛乳瓶を一五本入れて持ち運ぶことが出来る。サイズも手頃で、トートバッグというところも取り組みやすい。商品名は「ミルクマン」。次に決まったのは郵便配達用のショルダーバッグ。商品名は「ポストマン」。業務用カバンとして一番わかりやすいのではないかという理由で決定。

三型目がなかなか決まらない。

バッグのモデル別の売上比率を高島さんに確認した。カバン業界の常識としてより売れる型があるなら、それをつくりたい。また、売り場に並んだときに、メリハリのある商品構成も必要だ。トート、ショルダーときたら、できればリュックである。

電気工事技師が使うリュック。見たことのない形が気に入り、三番目のアイテムとすることに決める

「今までにリュック型のバッグをつくったことはありますか？」。そこで高島さんが見せてくれたのが、電気工事技師のリュックだった。

このリュックは、おかしな形をしている。土管のような筒状の本体と、その上につける背高のカバー。背負って歩くのだからリュックといわれればリュックだが、見たことの無い不恰好さだ。一目で気に入った。とても業務用カバンらしく、それでいてこだわりのあるおしゃれな男の子が背負っていそうだ。

「ワイヤーマンを三型目にしましょう」というと、高島さんは困惑を隠せなかった。電気工事技師がワイヤーを入れてクレーン車に積む、無骨なカバンである。一般に売れるとはまったく思えなかっただろう。ところが意外なことに、春菜さんも「改めて見ると格好いい気がする」と同意してくれた。高島さんも私の判断を信じてくれた。迷ったら、分かっている人の判断を尊重する。今回のプロジェクトを通して、そう学んでくれていた。

ミルクマン、ポストマン、ワイヤーマン。展示会に出品する商品が決定した。

モデル選びの基準

次回までに、原型とする業務用カバンの特徴的な仕様をリストアップし、なぜその仕様が必要なのかを分かりやすくまとめることにした。それから、各モデルにライバルがいるかを確認する。素材と価格帯の確認を忘れないように。ブランド全体としてのベンチマーク先も必要だ。それから、商品を置きたい店を視察に行く。シボネやスーベニアフロムトーキョー。高島さんにとっては、初めて行うアプローチばかりだ。緊張した面持ちでメモをとる。

さらに先の話もする。今のうちに、シリーズ第二弾のオリジナル候補を探しはじめるのだ。トート、ショルダー、リュックと来たら、次はどんな型がバランスいいだろうか。ダレスバッグ（底のある安定したビジネスカバン）か、シンプルなポーチか。

実は「しごとのかばん」には、モデル選びにある基準があった。わかりやすくて「堅い」職業のカバンがいい、という志向だ。警察官や消防士、車掌や医者などだ。この基準は、商品ラインナップからも「世界一ちゃんとしたかばん屋さん」らしさを体現するために設定した。

実際に採用できるモデルがそれらの職業から見つかるとは限らないため、大切なことは数多くの候補となる職業と、その業務用カバンについて調べることだった。「役所系、救急系、乗り物系、ライフライン系、第一次産業系、資格職、このあたりにヒントが見つかるかもしれません」。高島さんにとっては、まるで夏休みの宿題のようだったかもしれない。

二〇一一年九月　プロジェクトの本当のはじまり

夏の終わり、高島さんは東京の気になる店を視察したという。「しごとのかばん」が店頭に並んだ様子をイメージすることで、頭のなかでフワっとしていたデザインのトーンとマナーが現実味を帯びてきた。どの店もとてもおしゃれで、と目をしばしば瞬きながら言う。あんな素敵な店に置ける商品をつくれる自信はないですが、せめて彼らに合わせたおしゃれな商品をつくろうと心がけるべきでしょうか、と質問された。私ははっきりと違うと答えた。

おしゃれな店で素敵なライバル商品を見たら、不安になる気持ちは分かる。しかし、「しごとのかばん」シリーズの魅力はコンセプトにある。業務用カバンをつくっているメーカーが、一般向けに改良して提供する業務用カバンだ。デザインのおしゃれさで勝負はしない。

ただし、現実的な部分で小売店のバイヤーが導入しやすい商品に仕上げることは大切だと伝えた。発注ロットを出来るだけ細かくすること。カバンが動く新生活シーズンに商品を展開できるよう、出荷スケジュールを組むこと。「しごとのかばん」のコンセプトが伝わるチラシを用意すること。商品は、その見た目以上に、製造から販売にまつわるその他の要素で、店頭に並ぶか否かが決まってしまうのだ。

商品の顔となるロゴづくり

いよいよ、作業はものづくりに集中することになる。

グッドデザインカンパニーの水野学さんに依頼したロゴ

まずロゴについては、以前から私が親しくしているグッドデザインカンパニーの水野学さんに依頼することにした。無理な予算でのお願いだったが、高島さんの熱い想いを受けて快く引き受けてもらった。ロゴはブランドの顔である。妥協せず超一流の人にお願いしたい。

ロゴを載せる展開物の候補を確認する。商品本体に縫い付けるネーム、出荷時に添付する商品タグ、取扱い説明書、事前の告知に必要なチラシ。これらに必要なことを踏まえると、ロゴの締め切りはわずか一カ月先となることが発覚した。地味な確認作業だが、これが抜けると展示会に出すサンプルにネームがつかない事態になる。まさに「大きな道も小さな一歩から」で、商品化とはその無数の小さな一歩の積み重ねなのだ。

本体デザインの進行

三型すべてで同じステップを踏んだが、ここではミルクマンを中心に振り返る。

①過去につくった実際の牛乳配達用カバンを用意する。
②特徴的な仕様を分析し、取捨選択する。
③取り入れると決めた要素でファーストサンプルをつくる。

まず、実際にバッグワークスが製造したオリジナル業務用カバンを用意する。資料は多いほうがいい。複数のサンプルを見比べることで共通点、つまり牛乳配達用カバンとしての必須要素が浮かび上がる。

今ではなかなか見かけないこの業務用カバン、昔は牛乳配達の自転車の後輪両脇に引っさげて、自転車から玄関先まで牛乳を運ぶときに便利に使っていたそうだ。使われる風景を思い浮かべながら要素を分解していく。

要素分解

①素材　ターポリン（ナイロン糸の布を塩

牛乳配達用のバッグ。
昔は自転車に引っさげて使っていた

ビで両側からはさんで織った帆布）

②牛乳瓶が一五本入る

③マチが広くて持ち手が長い

④サイズ感（横三三〇ミリ×縦二〇〇ミリ×幅一三五ミリ）

⑤マチのわりに低い高さ＝牛乳瓶の高さ

⑥マチの外叩き（縁を外側に出す独特の縫い方）

⑦底に水抜きのアイレット

⑧持ち手は裏付きの二重

⑨持ち手の座に補強のあて布と鋲

⑩持ち手巾の布を外側に一周回した底の補強

⑪コーナーの補強

⑫片側面に目立つロゴ

⑬集金用の内ポケット（お札が横に入る）

次に、発見した要素から、実際の製品に残すものを選ぶ。出来る限り要素は残したほうが商品の由来を体現しやすいが、らしさやコスト、デザインを考慮して取捨選択をする。

結果的にミルクマンは、ほぼそのまま再現することになった。

今度はファーストサンプルをつくる。シンプルな分、素材選びが大切だ。フライタ一グのカバンなどで手垢がついた感はあるが、オリジナルと同じターポリンにする。「しごとのかばん」はおしゃれカバンではないのだから、より業務用っぽさが伝わる素材がふさわしい。ひとつ軸を決めると、こうした細部の判断が楽になる。

サンプルでつくる色は迷った。もともと私は色選びが得意ではない。そこはデザイナーの出番だ。春菜さんに「イメージコラージュを念頭に」四〜五パターンの色の組み合わせを考えるよう依頼する。ただし、必ずベージュは入れてと注文をつけた。実際につくるサンプルは一色分だけで構わない。他は色見本の組み合わせのみ用意し、コストを出来る限り節約する。

無限に予算があるわけではない。奇抜なものをつくって目立てばいいわけでもない。商品企画の最中は、いかに効率良く最終商品に仕上げられるか、気をつけるポイントが幾つもある。

商品まわりの工夫でアピール

発売に当たって、商品と同じように整えておかないといけないことがある。商品まわりだ。例えば、納品時の商品の包装形態。品質表示タグや商品説明など紙モノ。販売を告知するチラシやカタログ。店頭では商品と同様に影響力がある。今のバッグワークスにはそこに予算を割く余裕は無いものの、なんとか「業務用カバンをベースにつくられたブランドなんだ！」という印象を与える工夫をしたかった。

包装形態はビニール袋で一致した。実際にバッグワークスが業務用カバンを納品するときの形態をそのまま使う。

タグやチラシなどは、イメージコラージュからトーン＆マナーを学んで、サンプルをつくることにした。紙モノはデザインの制約が少ないし、東欧雑貨の本から現地の生活用品のデザインを学ぶことも出来る。いいところは積極的に取り入れて、東欧ぽさを醸し出したい。「業務用バッグのご相談はお気軽に」というコピーを

一般用カバン発売の目的はあくまで業務用カバンの受注にある。業務用カバンのメーカーであることを PR

入れることも決定した。今後このコピーはお客さんの目に付くところに載せていくことにする。

チラシは、A4サイズが店舗に置いてもらいやすい。後ろに支えを入れたらPOPとしても使える。三つ折、または二つ折で成立するデザインも、省スペースになり棚に置きやすいのでおすすめできる。

この日、高島さんは「自分の手元にこんなに宝が眠っているなんて思ってもみなかった」と語っていた。「しごとのかばん」のアイデアが形になりはじめ、今まではっきりとつかめていなかったこの先の商売の仕組みが理解できたのだろう。私たちがいくらワイヤーマンを格好いいと言っても、それはあくまで外からの意見に過ぎない。高島さん自身が、バッグワークスに眠る過去のサンプルの価値に自ら気づいた様子で大変嬉しい。

二〇一一年一〇月　商品サンプルのチェック

今回は高島さんと春菜さんに奈良本社まで来ていただいた。仕上がった商品サンプルを、中川政七商店の商品企画部デザイナーがチェックするためだ。自分の判断に自信がないことは、信頼できる自社のデザイナーに助けてもらう。

ミルクマンのサンプルをサイズ違いで二種類依頼していた。オリジナルとまったく同じ寸法のものと、オリジナルよりやや細幅にしたものだ。それと、鋲やファスナーなどパーツの素材をたくさん持ってきてもらった。

オリジナルの牛乳配達用カバンから細部の仕様を受け継ぐ

高島さんは上記に加えて、「白×黒」の配色のサンプルも持参した。「昔、牛乳配達カバンといえばこの色が定番だったんですよ」。おそらく乳牛をイメージした配色なのだろう。正直、予想外で面食らった。通常、商品の色展開は商品政策から導き出す。まったく違う理由から生まれてしまったサンプルだが、商品のデザインに対して高島さんが初めて自発的に行動された。一蹴はしたくない。他の色とトーンが異なるので、扱いに悩む。

ところがこのサンプルが後に突破口を生みだす。

細かい仕様のチェック

サンプルを並べて検討していく。サイズは全員一致で

ベージュ、緑、紺に加えて、「白×黒」を特別色として４色でスタートすることに

細幅を採用。オリジナルを出来る限り再現するとはいえ、日々の暮らしに馴染むデザインに整える必要がある。同じ理由で使い勝手のいい内ポケットも付け加えた。

高島さんは、持ち手の根元の生地が切りっ放しでいいかが気になっていたようだ。オールマイティという合皮のような素材だが、カバン業界の常識では切りっ放しでは使わないそうだ。使ううちに端から毛羽立つらしい。横で春菜さんも強くうなずいている。

自社のブランドマネジャーに意見を聞くと、この価格帯でこのカバンなら毛羽立っても気にならないと言う。ならば、そのままでＯＫとする。製造の常識とお客さんの常識は同じではないのだ。

最後に色の組み合わせ。ここで決めた色が、実際の商品の色になると思うと真剣だ。生地の見本帳を持って、室内光、太陽光の二カ所で見え方を確かめる。ベージュ、緑、紺の三色を選んだが、並べてみると全体が地味でぼんやりとしている。あと一色加えないといけないのか。とはいえ、色数は奇数が売場では置きやすい。

どうにも決めきれないなか、「白×黒」のサンプルを思いだした。確かに他の色とは系統が違うし、イメージコラージュにもない配色だ。特別色「カウ」としてとりあえず商品にしたらどうだろう。メリハリは出るし、限定なら三色＋一色という扱いでカタログに載せられる。考えた末、この四色と判断した。

追い込まれて見えてきた解決策

ワイヤーマンも同様に進めることが出来たが、問題はポストマンだった。

理由は二つある。まず、日本の郵便局で使っていたオリジナルの配達カバンを見つけることが出来なかった。探していたカバンは一昔前の型だったのだが、現代の配達スタッフが持っているバッグは、まったく形が違うハンディ端末ケースだった。加えて、ポストマンバッグというアイデアは、既に一般カバン市場で多数商品化されていて、差別化出来ない程度に成熟している。

理想のオリジナル郵便配達カバンが手に入らないことのダメージは大きかった。とりあえず、「フランスの郵便局の配達カバンを復刻したカバン」という、なんとも「らしさ」が薄いショルダーバッグをオリジナルとして分析した。抽出できた要素はわずかだった。

①雨風が入りこまないよう密着した入り口
②集金が出来る小分けのポケット
③反射テープ
④上から入り口にかぶせられるフタ

これだけである。郵便集配だからこそ、という専門性を感じさせる際立った仕立てが無かった。このまま特徴のないショルダーバッグをつくっても売れるわけが無い。それどころか、「しごとのかばん」のコンセプトを薄めてしまう害因となる。あきらめて別の型を探したほうがいいのでは、という意見すら出はじめた。しかし、他の型に取り組むには時間が無い。追い込まれていた。

いっそ「バッグワークスが考える理想の配達カバン」をいちから企画してはどうか。特徴が出せるのはせめて色だ。全体に足りないのはオレンジや赤。

混沌とした議論が続き、迷走しはじめたころ、再びアイデアがおりてきた。

「赤いショルダーバッグをつくろう！　フタの留具を白い〒マークにしよう！」

そうポストだ。ふざけているわけではなかった。頭には、先ほど落としどころの見つかったミルクマンの特別色「カウ」があった。ミルクマンには「カウ」、ポストマンには「ポスト」、そのモデルのアイコンとなるものから想像される色を使えばいい。

商品単品で見たら、ウケを狙ったデザインにしか思えないだろう。でもそれでよしとしたのは、「ポスト」を「カウ」と並べれば商品構成のなかに「特別色」という立ち位置が生まれる。そうすれば「ポストマン」全体をあきらめないで済む。

どうにか駆け込みで、「しごとのかばん」の商品構成が固まった。各型の色展開は「テーマアイコンから拾う特別色」＋「バランスのよい二〜三色」とする。

二〇一一年二月　コストと洗練のバランス

この日が、大日本市前の最後のミーティングだった。豊岡に到着すれば、ミルクマン、ワイヤーマンのセカンドサンプルと、懸案だったポストマンのファーストサンプルが用意されているはずだ。コストを抑えながら、どこまで表現を洗練させていけるか、残り少ない時間の中での勝負だった。

会議室に揃い並ぶサンプルを前に胸が高鳴る。まず、織ネームを確認する。バッグワークスのロゴを織で表現したネームは、今後「しごとのかばん」シリーズの全商品に縫い付けられる。加えて、業務用カバンの発注でも、希望があればバッグワークスのネームを縫い付けることに決めた（業務用カバンには通常メーカーのロゴは入らない）。細かな文字を潰さずに織で表現できるか心配したが、見事な仕上がりだ。さすがカバンの産地、技術力が違う。近い将来、ＯＥＭでも「是非バッグワークスのロゴもつけてほしい」という注文が入るようになりますように。

セカンドサンプルのミルクマンは完成度が高かった。懸案していた切りっ放しの生地も、まったく違和感なく仕上がっている。気になる点があるとすれば、透明な内ポケットに対して、大きな金属ファスナーの存在感が強すぎることぐらい。すると高島さんが「内ポケット素材の生地をリボンのように使って、透明の引き手をつくれます」。確かにそれなら目立たない。どんな商品を目指しているか分かった上での、プロからの的確なアドバイス

苦しいなかから生まれたショルダーバッグ「ポストマン」。〒マークがご愛嬌

ほど心強いものはない。

それからポストマン。春菜さんの素直なデザインが光り、〒マークがご愛嬌のショルダーバッグが仕上がっていた。〒マークの形とサイズ、革の素材感、内側のポケットやベルト。バランス良く仕上がった。あんなに悩んでいたモデルとは思えない。そのまま本生産に進むことになった。色は特別色の「ポスト」とチョコ、ブルーグレーの合計三色を選んだ。念のため本物のポストの色を見ておこうと、全員でバッグワークスのそばのポストまで駆け寄り、振り返ったら雨がやんで虹がかかっていた。あまりに出来すぎで笑ってしまう。前途は明るい。

二〇一二年一月　大日本市デビュー

初めての展示会。オリジナルのバッグも並べ、ブランドコンセプトを説明した

いよいよ大日本市の開催だ。バッグワークスが展示会に出展するのは初めてのこと。高島さんは、普段の上品なシャツ姿に加えて工場のエプロンを身に着け、職人らしさを演出している。まさに「世界で一番ちゃんとしたかばん屋さん」。

大日本市には、中川政七商店、バッグワークス以外にも数社が共同で参加している。いずれも、地場産業を生業として地域の一番星になろうと頑張る企業だ。期間中の朝礼で、各社は目標受注数と前日の受注数を発表する。露骨に競い合う必要は無いが、ライバル心は大切だ。成績のいい企業は拍手で称えられ、伸び悩んでいると営業スタッフがどうやって魅力を紹介するか知恵を共有する。

当日は、商品の説明をして営業すること、来場者と名刺を交換して連絡先を集めること、購入を具体的に検討している企業に出荷時期や流通方法の説明をすること、の三点に集中する。

高島さんは押し付けるような対面営業は苦手と言っていたが、正しい営業は押し付けではなく、商品の魅力を最大限説明して、選ばれたい店に選んでもらうことだ。バイヤーにとっても、生産者と直接話が出来る機会は貴重なので臆することはない。積極的に「しごとのかばん」のコンセプトと商品のつながりを伝えて、有意義な出会いを探す場とする。

展示会で学んだこと

大日本市での販売結果は、京都会場で九件、一四万円。東京会場二三件、四八万円。併せて六二万円を受注した。

受注が増えるにつれ、高島さんの意識も高まった。より商品の背景を伝えたいと、東京会場には工場の写真をパネルにして持ち込んだ。ＩＳＯの証明書や各種賞状を飾ってもいいかもしれない。説明が難しかったワイヤーマンには、ディスプレイ時に本物のワイヤーを入れてはどうか。商品以外の部分で、どう「しごとのかばん」らしさを伝えることができるか、頭が動きはじめていた。それはまさにブランドマネジャーの姿だった。

その成長を受けて、こちらのアドバイスも変化する。まず、プレスリリースを書くように求めた。そのときのコツも教えた。細かく書きすぎてはいけない。「豊岡鞄」「中川政七商店」など、心に引っかかるワードをちりばめること。

作業をいちから指示していた半年前とは違い、期待する成果物を示してから、「やるべきこと」「してはいけないこと」「参考にすべきこと」を伝えて結果を待つようになった。

どうやって売るか、伝えるか

展示会で受けた生の反応に刺激をうけ、私は小売店に採用される仕掛けを考えはじめた。「ミルクマン」は今回、単なるトートバッグとして買い付けされている。今はそれでも構わないが、アイテムが揃いはじめたら「しごとのかばん」の一種として扱われたい。小売店のスタッフにコンセプトを説明してもらうには、どう仕掛けたらよいだろう。

例えば、本物の牛乳配達カバンをたくさん入手して、小売店がミルクマンと並べてディスプレイできるように貸し出すのはどうだろうか。「しごとのかばん」は「どうやってつくるか」から「どうやって売るか、伝えるか」を考える時期に入っていた。

数値でプロジェクトの成果をはかる

最終的な会社のゴールである「商売の主軸である業務用カバンの受注数を増やして、安定した売上を確保する」ことへの意識も欠かせない。「しごとのかばん」が、主力商品である業務用カバンの受注に好影響を与えているかを確認するための指標を設けた。目標は必ず数字で表すように心がけている。

業務用カバンの発注は次のステップで進む。

新規問い合わせ　↓　仮見積り　↓　サンプル作成　↓　本見積り　↓　成約

このそれぞれのステップに進んだ件数を調べることで、何が原因で成約につながりにくいのかを分析することが出来る。「しごとのかばん」のプロジェクトとしての成功は、「新規の引き合い」の割合が上昇するかどうかではかることに決めた。多くの売場に並べば並ぶほど、業務用カバンの問い合わせも増えるはずだ。

「しごとのかばん」シリーズそのものの売上予算も、明確にしなければならない。年間で下代一〇〇〇万円の目標を設定。データは記録しないと後に残らないので、今のうちに必要な項目を定めておくことが大切だ。

二〇一二年五月　ちゃんとしたカバン屋さんに

バッグワークスにとって二回目となる大日本市が開催された。「コンビニマン（エコバッグ）」「カーディーラー（ポーチ）」「バンクマン（ビジネスバッグ）」を新しく発表し、ディスプレイにはミルクマン、ポストマン、ワイヤーマンも並べることにした。これで「しごとのかばん」は六型になった。これだけ数が揃えば、コンセプトも説明しやすくなる。イメージコラージュで見つけたトーンとマナーが商品からも感じられるようになり、世界観が伝わるだろう。一年前は何も無かった場所に、ひとつのブランドが生まれていた。

コンサルティングを終えて

千葉では、郵便局で働く人からポストマンの問い合わせがあった。博多では、おしゃれな男の子がワイヤーマンを背負って歩いているところが目撃された。大阪では、ミルクマンを購入したお客さんが、便利だからともうひとつ買うために店を再訪した。

あの静かな工場で製造した「しごとのかばん」がきっかけで、バッグワークスは着実に「世界一ちゃんとしたかばん屋さん」への道を歩みはじめた。

第3章 「普通の」パン切り庖丁で産地の一番星に

株式会社タダフサ（新潟県三条市）

創業●一九四八年
代表者●曽根忠一郎（二〇一二年七月に息子の曽根忠幸が三代目社長に就任）
従業員数●一一名
売上高●一億二〇〇〇万円（ピーク時一億八〇〇〇万円）
事業内容●家庭用・業務用庖丁類の手づくりによる一貫製造
背景●新潟県三条市は、大阪府堺市や岐阜県関市などと並び、古くから「鍛冶の町」として知られている。だが、安価な中国製品に押されて下降傾向に

＊数字はコンサルティング開始当時のもの

ある。このコンサルティングは、國定勇人市長の「三条の鍛冶の火を消してはならない」という大きな危機感が発端となり、市の取り組みの一貫としてはじまった。当初、市からは「経営塾」のようなものを依頼されていたが、それよりは、①どこか一社を選んでコンサルティングをし、②その一社が「三条の一番星」になることで、③二番手、三番手が続き、④結果として産地全体が活性化する、というスキームを提案。コンサルティングの過程は、実況中継的に翌日、市の後継者育成事業である「育成塾」の参加者と共有する。

タダフサがそのコンサルティングに名乗りを上げた。三条市内には家族経営の鍛冶屋も多いなかで、タダフサは比較的規模の大きな会社だ。創業当初は大工道具の曲尺《かねじゃく》をつくっていたが、後に刃物全般、特に漁業用刃物を手がけるようになる。現在は家庭用・業務用の庖丁を製造し、主に木屋などの問屋に卸している。従来のやり方だけに捉われず、新しい技術にもどんどん挑戦している。

二〇一二年五月　決算書の分析と借入金の整理

三条市のタダフサ事務所にて、社長の息子さんで営業部長の曽根忠幸さんと一回目のミーティング。事務所は工場の二階にある。打ち合わせ中、階下からカンカンと鉄を叩く音が聞こえてくる。

まずは直近五年分の決算書を提出してもらい、それをもとに現状把握。五年分の決算書を並べてみれば、だいたいのことは分かるものだ。直近の売上は一億二〇〇〇万円。ピーク時は一億八〇〇〇万円あった。三条市内の同業者の売上も、横ばいより少し下がる程度。下降がゆるやかなので、まだ大丈夫と腰を上げないところも多い。だが、会社の体力があるうちに対策を考えておかないと、いざというときに動けなくなる。売上管理は、経理を担当している曽根忠幸さんのお母さんの仕事だ。忠幸さんはその中身が分かっていない。そして、予算表もない。

借入金が多いのも気になった。固定負債が七〇〇〇万円。長期借入金の割合が多く、かつ、忠幸さんはその返済計画を把握できていない。これには厳しい顔をせざるを得ない。「つくれば売れた時代であれば、利益が出たら借金はすぐに返せるし、税金を払うくらいなら材料を買っておこうと考えたのかもしれないけれど、今は通用しない。万が一、銀行が手を引いたら会社が飛んでしまうという危険性を理解してください」。早急に借入一覧表をつくって、いつまでに返済するか計画を立てることにした。

忠幸さんに原価の計算式を聞くと、これまでの慣習は「原材料費×三＝下代（卸値）」だという。だが計算してみると、「×三」では利益が出ない。この計算式で赤字にならないのは、原材料の在庫があるから。在庫を食いつぶしたときに、本当に利益がなくなってしまう。下代を決める適正値を早々に決めなくてはならない。

次に、売上の分解を行う。データがないため、忠幸さんの感覚をヒアリングし、整理してみる。売上は大きく完成品（庖丁）とそれ以外（研ぎ直し、半加工品など）で構成されており、比率は完成品八に対し、それ以外二。完成品は自社商品とOEMで半々くらいの割合だ。流通は問屋卸がほとんど。完成品の内わけは、家庭用が六に対してプロ用が四。

タダフサの扱っている庖丁のSKU（在庫の保管単位）の多さに驚く。OEMを含めると、なんとざっと八〇〇SKUくらいある。問屋のニーズを聞いているうちに、どんどん増えてしまったのだという。不良在庫もかなりありそうだ。すべてまんべんなく売れているとはとても思えないし、SKUは思い切って絞る必要がある。

庖丁を買う目的とタイミング

庖丁のことはまったく分からないので、基本的なことを忠幸さんに教えてもらう。三徳、菜切り、牛刀、出刃、蕎麦切り……用途ごとに種類がたくさんある。昔ながらの素材は鋼だが、最近は錆びやすいと敬遠されることが多く、ステンレスが主流になっている。「鋼の方が切れるんですけれどね」と忠幸さん。

研ぎ直しについても学ぶ。どんなに切れる庖丁でも、研がなければ切れ味はどんどん鈍っていく。自宅でも研ぐことは出来るが、百貨店の売場経由で研ぎ直しを依頼されることも多い。研ぎ直しは人件費と砥石代だけでいいので、実は利益率の高い仕事だという。

ざっと現状把握をしたところで、「庖丁ってどこで買うんだろう」という疑問を投げかける。つくり手の目線から一般消費者の目線に切り替えるためだ。「百貨店、ホームセンター、金物屋、インテリアショップあたりですかねぇ」「庖丁を買うタイミングは?」「初めて買う、料理の腕が上がったとき、壊れたとき、くらいでしょうか」「あとは自分用に買う、プレゼントとして買うという場合がありますね」

このあたりを整理して、消費者との丁寧なコミュニケーションを築くことが鍵になるかもしれない。「タダフサのリブランディング」という方向で進めることになりそうだ。

二〇一一年六月　ポジショニングを決める

タダフサは四月決算のため、最新の決算書が上がってきていた。赤字だ。忠幸さんの顔つきが前回と違う。腹が据わったというか、覚悟を決めた人の顔だ。タダフサの場合、市の取り組みの一環ということもあって、初回のミーティングでは、忠幸さんに危機感が希薄な印象があったが、赤字という数字を突きつけられたことで、「このままではいけない。なんとかしよう」と本気になってくれたのだと思う。これは忠幸さんがいい加減だとか、そういう話ではなく、食べるのに困らない商いができていたら、大半の人は危機感をもてないはずだ。しかし改革を決めるからには、覚悟を決めることが本当に大切。本気で取り組む人のために、私たちももちろん全力でお手伝いをする。

実績から予測すると、このままでは二〇一一年度も赤字になりそうだ。赤字にしないためには、売上を上げるか、経費削減かのどちらかしかない。売上改善はすぐには難しいため、まずはすぐ手の届く経費削減。削れるところがないか、各科目の中身を洗い出し、無駄を削減していく。そのコツコツの積み重ねが大切になる。

そんななか、忠幸さんから「今期はバレル研磨機を導入する」との話がある。自動で研磨する機械で仕事がはかどるようになると言う。「それで人は減らすの？」「いいえ、減らしません」「じゃあ、なんのための投資？」。忠幸さんの顔がこわばる。「人手を減らす投資をするなら、当然人手は減らさなくては。そうやってやみくもに投資をしていくからダメなんです」とはっきり伝える。

商品の見直しと整理

続いて、自社商品の整理。現行のカタログ商品は三四三ＳＫＵ。ＳＫＵごとに一年間の売上額を出し、売上の多い順に並べて、Ａ～Ｄの四段階で評価する。売上金額は、ただ漫然と眺めているだけではダメで、それを評価に置き換えて初めて意味がある。評価をしていくと、三四三ＳＫＵのうち、およそ八〇％がＤ評価であることが判明。「これは、ばっさりカタログから落とそう」。シリーズごとのバランスも見た上で、最終的に七〇ＳＫＵ弱まで絞ることにした。そんなに一気に減らして大丈夫かと心配になったが、「いやぁ、売れてないのは分かっていたし、逆にさっぱりします」と忠幸さん。

次に、業務改善とは違う次元の話をする。タダフサのリブランディングは、一般消費者向けの新しいシンプルなブランドをつくることから進めるのがよさそうだ。前回忠幸さんに説明してもらった、多岐にわたる品数や素材が脳裏をよぎる。庖丁メーカーなのだから、種類がたくさんあるのは当然だと思ってしまうが、一般の消費者はそのなかで一番いいものが欲しいのだ。早速新ブランドの詳細を詰めていく。

①ラインナップ

数多くある庖丁のなかから、庖丁を買うタイミングである「初めて買う＝初心者用」「ステップアップ用」という二つの切り口で最低限必要なアイテムを、忠幸さんにピックアップしてもらう。

【初心者用】

・三徳（いわゆる万能庖丁）
・ペティナイフ

【ステップアップ用】

・牛刀（万能庖丁の刃渡りが長いもの）
・出刃（魚をさばくためのもの）
・鯵切り（出刃の小さいサイズ）

・柳刃（刺身用）

なんと、六本に絞られてしまった。ふと疑問に思ったのが、「パン切り」がないことだ。忠幸さんによれば、パン切り庖丁はラインナップにないという。これだけ多岐多用に渡る商品を揃えていながら、パン切りがないのは意外だ。どうして？

「パン切りは波刃じゃないですか。波刃のパン切りは切れないからつくらないんです」

「じゃあ、忠幸さんの家では、パンをなんで切っているの？」

「普通の庖丁で切ってます」

「パンって波刃じゃなくても切れるんだ！」

「もちろん切れますよ。波刃より切れます」

「じゃあ波刃じゃないパン切り庖丁、つくったらいいんじゃない？」

ということで、波刃ではないパン切り庖丁を開発することになった。もしかすると、パン切り庖丁が突破口かもしれない。普通の雑誌でも特集が組まれるほどパンの人気は高く、フックになるし、「これぞパン切り庖丁」といえるものも今のところ存在しない。先ほど絞り込んだ六本にパン切りをプラスする。

「牛刀とか鯵切りとか、よう分からん。万能、魚用ではいけないの？」。名称をシンプルに分かりやすく整えて、次のように整理した。

【初心者用】

・万能　中（三徳）
・万能　小（ペティ）
・パン切り

【ステップアップ用】

・万能　大（牛刀）
・魚用　大（出刃）
・魚用　小（鯵切り）
・刺身用（柳刃）

この七本を、新ブランドのアイテムと決定する。

②素材

ブレード（刃）の素材は、鋼、ステンレス、SLD（特殊合金。ステンレス並みの鋼）が一般的。庖丁に求められる「錆びにくい」「切れ味の持ち」「価格」「研ぎやすさ」の四つの項目でそれぞれの素材を評価。一番評価の高かった「ステンレス・ＳＬＤ」を使うことに。

庖丁の柄（持ち手）には、タダフサの特許である抗菌炭化木を採用。木の柄の庖丁は腐りやすく敬遠されがちだが、抗菌炭化木は、炭になる一歩手前まで木材を加工しているので、菌が増殖せず、腐らないのだ。

③デザイン

庖丁には和庖丁と洋庖丁があり、ブレードと柄の組み合わせ方が異なる。

左が洋庖丁、右が和庖丁。和庖丁は柄のなかにブレードを突き刺している

和庖丁は柄のなかにブレードを突き刺すような形式。柄がダメになったときに交換がしやすい。日本の昔ながらの庖丁はこの形式でつくられている。洋庖丁は、柄とブレードの間に口金を入れて溶接する。新ブランドは昔ながらの和庖丁でつくりたいね、という話に。

新ブランドにデザイナーを入れるかどうか、議論する。ブレードは既存の型を使うとしても、柄の部分はデザインした方がいいし、パッケージなど商品まわりのデザインもきちんとしたい。また、「普通のちゃんとしたデザインの庖丁」が世の中にないことに着目。庖丁は一般家庭では女性が使う場合がほとんどなのに、世に出回っている庖丁は「カッコイイ」デザインのものが多い。デザイナーを入れるのであれば、女性が使いたくなるような庖丁をデザインできる人＝女性デザイナーにお願いしたい。一流の女性プロダクトデザイナーには心当たりがある。デザイナー探しはこちらに任せてもらうことにする。

④研ぎ直し

道具は手入れをしてこそのものだが、庖丁を研ぐ理想的なペースはどのくらいなのだろう。忠幸さんに聞くと、「二週間ごと」との答えが返ってきた。「庖丁は二セット持っていて、庖丁屋に研ぎに出しているものとローテーションで使うのが理想的ですねぇ」。確かにそのペースで研げば、いつもベストの切れ味をキープ出来る。だが、一般の人にそこまで求めるのは、あまりにもハードルが高過ぎる。そもそも「庖丁を研ぐ」ということ自体、昨今ではあまりなじみがなくなっている。

「庖丁を研ぐ」という行為そのものを、啓発する必要がありそうだ。たいていの人にとって、庖丁屋に研ぎに出すのは敷居が高い。まず庖丁ってどうやって送ればいいのだろう？という疑問がわく。きちんと梱包すれば宅配便で配送可能なのだが、そのあたりも分かりやすく伝える必要がある。例えば、商品パッケージを郵送時にそのまま使えるようなものにする。「通い箱のような感じですね」。商品パッケージのイメージが固まった。また、自分で研ぐ人のために、砥石の商品化も検討することにした。

⑤流通

タダフサの流通は問屋卸がほとんどだ。問屋への卸値は上代×三五％。この上代というのもあってないようなもので、小売店では概ね上代の七五〜八〇％の価格で販売されている。これはこの業界の慣習のようなものだが、忠幸さんはこのあたりにも問題意識があり、価格は自分たちでコントロールしたいと考えている。それには流通は問屋に頼らず、自分たちでなんとかするしかないが、それは既存の流通、卸問屋と戦うことも意味している。業界の常識を考えたらあり得ないことだ。しかし忠幸さんは、戦うことを選んだ。忠幸さんの選択を、私たちは全力でフォローする。私たちがもっている流通を利用することも、もちろん可能だ。

⑥既存商品とのすみ分け

既存商品を一掃して新ブランドにすべて切り替える、というやり方もあるが、リスクも伴うので、既存商品を整理しつつ、新ブランドを立ち上げるというやり方にする。

⑦ポジション

タダフサが目指す庖丁業界でのポジションについて、三条という産地と合わせて考えていく。まずは、「庖丁といえばこれ」というポジション。グローバル、木屋、有次、貝印、堺……ざっと思い浮かぶだけでもこれだけがある。このポジションは既に取られているので、ここで勝負すべきではない。ただし「○×庖丁といえば」と、頭に何かをつけたら可能性はあるかもしれない。

次に、競合を分類してみる。

・職人　堺（分業、伝統工芸士）
・工場　関（貝印）
・問屋　木屋、有次

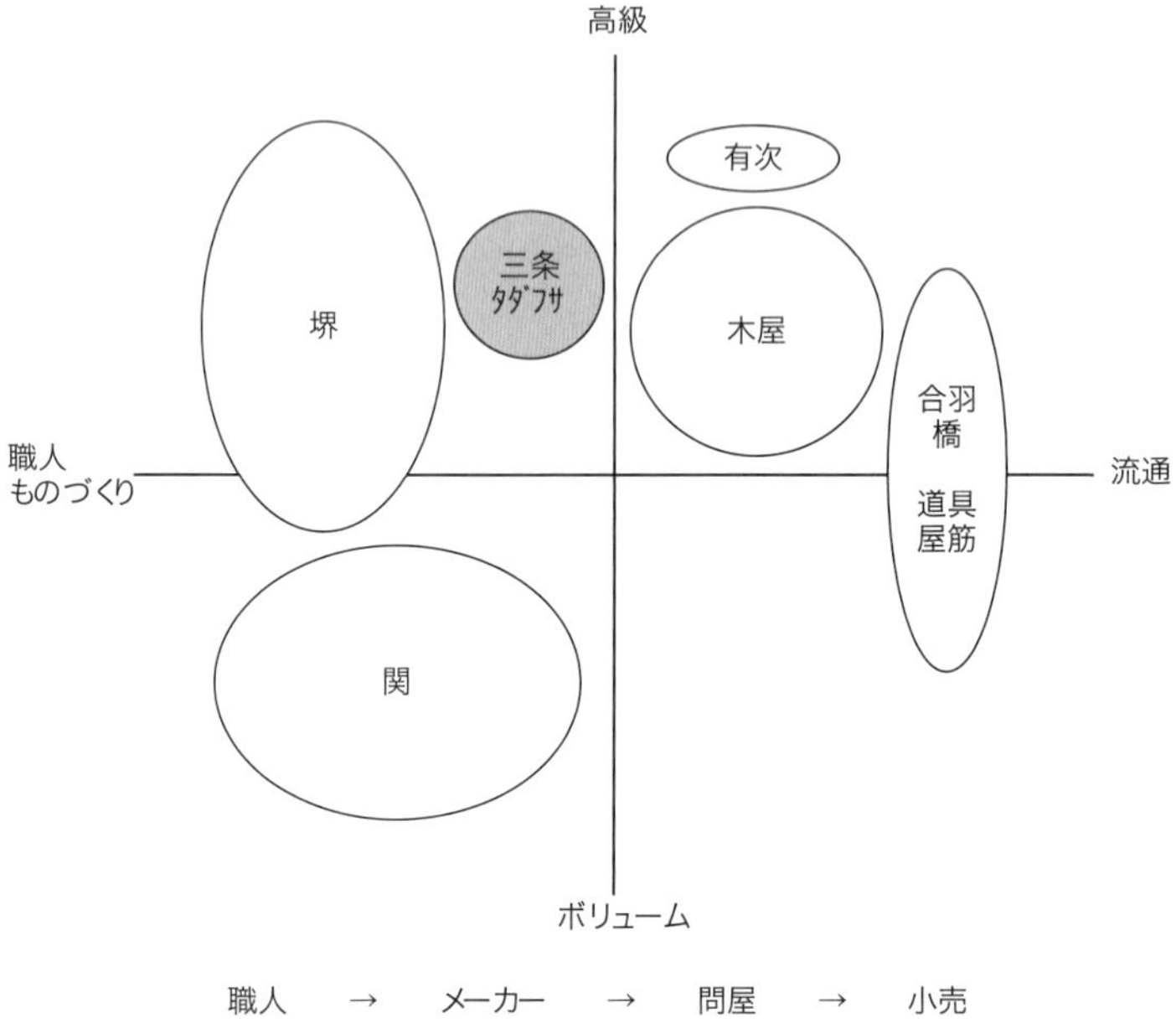

庖丁業界のポジション

・小売店　合羽橋、道具屋筋

刃物の問屋最大手である木屋は、自社では庖丁をつくっていない。いわばルイ・ヴィトン。それに対して、昨今、ファッションの世界でもファクトリーブランドに光が当たっている。イタリアの革バッグ工房など、これまでハイブランドの下請けでつくり手の名前が出ていなかったところが注目されているのだ。

木屋との違いは、「タダフサは庖丁をつくっている」ファクトリーブランドだということ。タダフサの目指すべきはこの「工房」なのではないか、という仮定が成立する。「工場」ではなく、もっと小規模でつくり手の温かみが感じられるような「工房」だ。

前出の分類をもう少し整理してみる（右の図参照）。

こう見ると、三条・タダフサは、規模感としては堺と関の間にある。堺は職人寄り（職人の顔が見える）で、関はもっと規模が大きい工業的なイメージ。また、「職人」と「問屋」の間であるということも分かってくる。やはりタダフサが目指すべきは「工房」だ。この「工房」の輪郭をはっきりさせていくことが、他との差別化になる。

工房だからこそ出来ること。それは例えば「研ぎ直し」。「通い箱」という制度は、職人でも工場でも出来ない。工房という規模感だからこそ出来ることだ。このように、ポジションの輪郭を際立たせることを考えていく。

⑧コンセプト

このコンサルティングは、もともと「三条の鍛冶の火を消さないように」という三条市の取り組みからはじまったものだ。だから、コンセプトには「鍛冶屋」という言葉を入れるべきなのかもしれない。ただ忠幸さんには、「うちは火を使っていないので鍛冶屋と名乗るのはおこがましい」という想いもある。

忠幸さんは大学卒業後、東京のＩＴ企業に就職し、家業を継ぐため地元に戻った。忠幸さんは小学校の卒業文集に将来の夢を「庖丁屋」と書いていた。小さい頃から「庖丁屋」という言葉が好きだった。働く祖父や父の姿を見ながら、大人になったら自分も庖丁屋になるのだと、当然のように思っていた。

地元に帰ってきて、息子が生まれたときに、ふと思ったという。この子が大きくなったときに「三条って昔は庖丁の産地だったらしいよ。今は廃れちゃったけどね」となっていたらどうしようと。あるのが当たり前だったことが、このままではなくなってしまうかもしれない。それは絶対に嫌だった。自分たちは、三条にいるからこそ庖丁の仕事が出来ている。これまでこの土地から受けてきた恩恵を、今度は自分たちがこの三条に返していこう。三条の鍛冶の火は消してはならない。

コンセプトはこの想いを一文に表現しよう。文言は次回までの宿題として、この日の打ち合わせ終了。

二週間後、忠幸さんからパン切り庖丁の試作品が送られてきた。

波刃ではないものと、先端に少しだけ波刃が入ったものの二本。試作の段階で、全く波刃がないと、パンを切るときに刃がすべってしまうので、部分的に波刃をつけた方が切り

パン切り庖丁の試作品。波刃ではないもの（右）と先端に少しだけ波刃が入ったもの。見た目や切りやすさから波刃入りのものにする

やすいのでは、と忠幸さんが判断。先端に入れたものと、柄に近いところに入れたものの両方を試してみたところ、先端の方が使いやすかったのでそちらを送ってくれたとのこと。見た目を考えると、先端が波刃の方が見た目にも良い。

早速パンを切ってみる。どちらも怖いくらいに良く切れる。やわらかいパンはどちらも刃がなんの抵抗もなく、すっと落ちていく。これはすごい。ただ、バゲットのような皮が硬いパンは、波刃部分で初めにひっかかりをつくった方が切りやすい。ブレードは波刃入りの方に決定だ。

二〇一一年七月　「普通の」庖丁をつくるために

三条市歴史民俗産業資料館を見学する。産地のルーツの中に、ものづくりのヒントがあるかもしれないという期待をもっていたが、残念ながら収穫はなかった。

タダフサの事務所へ移動してミーティング。新ブランドのデザイナーは柴田文江さんにお願いすることになった。数多くいるデザイナーの中で、柴田さんに依頼した理由は次の通りだ。

・「普通のちゃんとしたデザインの庖丁」をつくりたい

今の庖丁は「デザインされていないもの」と、「デザインし過ぎている。カッコイイ男性的なもの」の両極端である。この二つのあいだの商品をつくりたい。

・女性を意識したところを狙いたい

一般家庭の場合、庖丁は女性が使う場合がほとんどであるのに、男性的なものしかないことへの違和感があった。だから、一流の女性プロダクトデザイナーにお願いしたい。

流通については、既存流通（問屋）には卸さず、新規流通（タダフサから小売店へ直接卸す）を開拓することに決定。問屋へ卸す場合も、条件は新規流通と同様にする。掛率は五〇～六〇％を想定。

原価の計算式を決める

さて、初回からの課題だった原価の計算式について、そろそろ決着をつけないと新ブランドの上代を決められない。しかし、決算書の数字を分析しても「原材料費×三＝下代」というそれまでの計算式が、ロジックでどうにも説明できない。商品によって利率が異なったり、実際には原材料の在庫を食いつぶしていたりしたことから、正確に計算できないのだ。困った。

こうなったら「掛け算」ではなく、「足し算」で製造原価を計算してみよう。それはつまりこういう考え方だ。

例えばニット業界の場合、同じ工賃でも、素材が安い綿だと儲からないが、高いカシミヤだと儲かる。原材料費をもとに掛け算すると、儲けが原材料費に左右されてしまう。そこで、製造原価＝原材料費＋労務費（工賃）と考える。

タダフサの労務費は、毎年ほぼ変動なしと判断できたので、ここを固定と考え、「フル稼働した場合、月に何本製造可能か」をもとに、庖丁一本あたりの工賃を割り出し、原材料費と足したものを製造原価と考えることにする。労務費にあらかじめ利益を乗せておけば、それがそのまま下代になる。

庖丁は種類によって加工（手間）の難易度が異なる。この難易度によって三段階にランク付けしておく。難易度が最も低い庖丁は月に七〇〇〇本つくれるが、難易度が高い庖丁は月に二五〇〇本しかつくれない、といった具合だ。月当たりの労務費をこの難易度で割ると、一本あたりの労務費が算出される。当然のことながら、難易度が高い庖丁は、労務費も高くなる。新ブランドの庖丁は、この難易度レベルを基準に予測し、原材料費と合わせて下代を決め、上代設定をすることに。

まずは、「最初の三本」の上代設定をしてみる。そして売上目標数を決定。万能中とパン切りは一〇〇〇本ずつを販売目標にした。「最初の三本」の初年度暫定予算を合計すると、一〇〇〇万円になった。

暫定予算が出たところで、デザイナーの柴田さんへのデザイン料支払い方法を考える。柴田さんは今回の取り組みに共感してくださり、破格の条件で受けてくださっている。とはいえ、イニシャルコストは抑えたいので、ロイヤリティ契約で交渉することにする。

新ブランドのデビューは、年明けの一月末～二月初めに行われる展示会「大日本市」で行うことも決めた。三月から出荷開始。漠然としていたものが、急に輪郭がはっきりし、現実味を帯びてきた。

並行して、既存商品の整理も行う。カタログも分かりやすくリニューアルする。タダフサ以外の庖丁メーカーのカタログを何社か取り寄せて、見比べてみる。比較的整理されているものはあるが、デザイン的に優れているカタログはない。カタログをきちんと整備するだけでも、差別化できる可能性が高い。カタログもデザイナーに依頼することにする。候補は、新潟出身で、化粧品のクリニークなどの広告を手掛けているＳＰＲＥＡＤさん。デザインはプロに依頼しても、カタログの文章やラフは必ず自分で書かなければならない。なぜならその商品について一番理解していて、どう伝えたいかの意思をはっきりもっているのは自分だからだ。情報整理は自前でやるべきなのだ。

どうつなぐか、なぜつなぐか

さて、前回からの宿題だったコンセプトについて。今回取り組むのはタダフサのリブランディングであり、コンセプトは会社のビジョンに相当する。忠幸さんには熱い想いはあるのだが、どうもそれが「これだ！」という言葉にならない。「次につなげる」というキーワードが挙がってはいるが、きれいごと感が拭えない。会社のビジョンは、社員全員がそれに向かっていくものであって、そのためには、社員一人ひとりがそれを自分のこととして腹に落としていなくてはならない。その部分が弱い。もっと具体的に、「どうつなぐか」「なぜつなぐか」言葉で補う必要がある。

「会社のテーマは温故知新です」と忠幸さん。「従来のやり方に捉われず、挑戦してメジャーになればいい」と、忠幸さんの父で社長の忠一郎さんはよく言ったそうだ。家族経営、いわゆる昔ながらの鍛冶屋が多い三条という町で、機械を導入し、中規模の庖丁メーカーとしてやっていること、新しい技術もどんどん取り入れていることなど、タダフサは確かに従来のやり方やしがらみに捉われない。でもそれはビジョンではなく、スタンスだ。忠幸さんと悶々とする。

つなぐといっても、会社としてつなぐのか、三条としてつなぐのか。そもそも産地として成立するには、ある程度の規模が必要になる。「規模を維持するには定期的に人を採用することも、具体的な行動のひとつだと思う」と投げかける。

「規模という観点から言うと、そんなに大きくしたいとは思っていないんです。今の規模＋αくらいで十分かなと。とはいえ、五〇～六〇代の社員が半分を占めるので、あと五年もしたらみな定年退職してしまう。技術の継承を考えると、無理をしながらでも、今から若い人を一人ずつくらい増やしていく必要があると考えています」と忠幸さん。

タダフサが規模を維持し続けることで、三条の鍛冶の火が消えるのを防ぐことが出来る。規模を維持することや人を採用することは、「つなぐ」ことを具体化した行動だ。

「ビジョンは、ちょっとテンションが上がる言葉の方がいい。誰もが背負っているものを言うだけでは、人はついてこない。『三条の鍛冶を背負って立つ』くらい打ち出してもいいのではないか」

「うーん。でもうちの社員たちにはピンと来ないような気がする」と、忠幸さんは不安顔だ。

「そのロジックが分かっていないだけかもしれない。一言で表すのは難しいから、要素を五カ条にまとめて、それを〝工房心得〟としてみては？」

まず、要素を五つにまとめてみることにした。

1. 決意、目的「三条の鍛冶の火を消さない」
2. そのための、雇用と規模の維持
3. 変化を恐れない、進化、温故知新、技術革新
4. 誇り

5．未来系（子供たちへ）の言葉

だいぶまとまった。これを翌朝までに忠幸さんが文章に仕上げて、育成塾の場で発表することにした。

新ブランドのマークを検討

次に、新ブランドの名称について考える。新たに名称を設けるよりは、そのブランドを表すマークをつくった方がよいのではないかと提案した。商品やパッケージには、すべてそのマークが入っているイメージだ。庖丁をつくるときに使う道具をモチーフにするのがいいね、ということで、階下の工場に降り、使えそうな道具を探す。目についたのは、鎚《つち》と摑《つか》み箸。鎚は真っ赤に熱した鋼材を叩く際に用いる道具で、摑み箸は真っ赤に熱した鋼材を持つ際に使用する

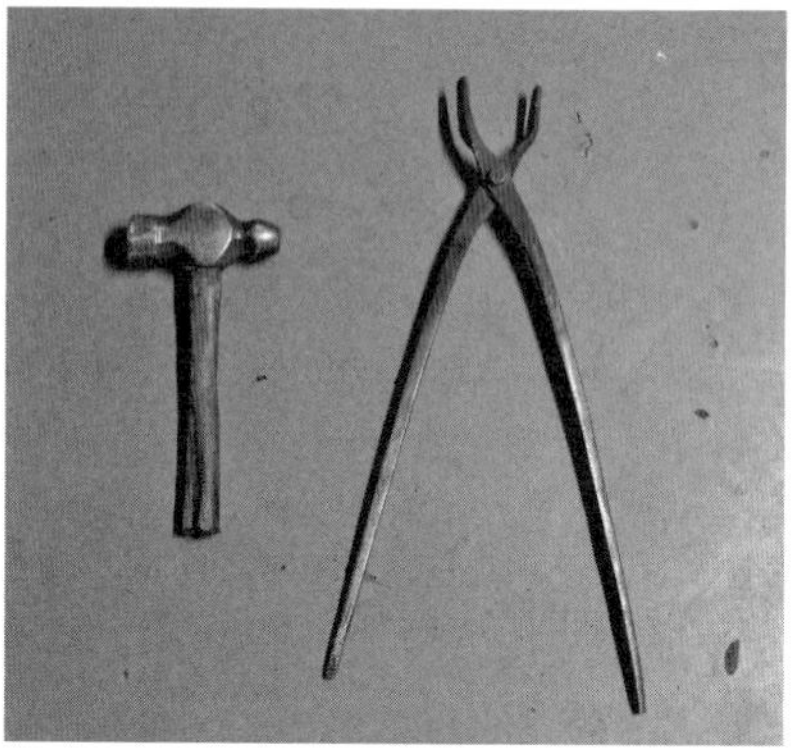

庖丁をつくる際の道具である鎚（左）や摑み箸をモチーフにマークをつくることに

道具だ。
この道具をモチーフにマークをつくることに決定。ロゴマークのデザインは柴田さん経由でどなたかにお願いしようと考える。

目指すべき道が決まる

翌日の育成塾。講義の最後に、昨夜仕上げた「工房心得」を、忠幸さんが参加者の前で発表する。

【庖丁工房タダフサ　五カ条】

1. 三条の鍛冶の技を後世に伝承し、存続させ続ける事
2. 三条が庖丁の産地として存続し、規模を維持し続ける事により地元地域の雇用を生み出す事
3. 温故知新の心。変化を恐れずに変えていくべき所は変え、残すべき所は残す事
4. 誇りを持って物づくりに取り組む事
5. 三条の子供たちのあこがれとなるべき仕事にする事

これは、「三条の鍛冶を背負って立ちます」という宣言だった。読みきった忠幸さんは、一回り大きく見えた。

午後、デザイナーの柴田さんが東京から到着。一緒に木工屋とタダフサの工場を見学した後、タダフサの事務所にてミーティング。今回私たちがやりたいことを説明し、その範囲のなかでデザインをしていただきたい旨を伝える。

ポイントとなるパン切りは、少し型をいじり、やや細長くすることに。また当初、和庖丁で考えていたが、柴田さんから洋庖丁でやってみませんか？　との申し出あり。デザインについては柴田さんに一任しているので、ここは柴田さんの希望通りに進めることにする。出刃は和庖丁でしかつくったことがないので、洋庖丁で出刃をつくれるかどうかが、忠幸さんの挑戦となる。商品パッケージは、「工房」のイメージで、無印良品のようなシンプルな箱にマークを入れる方向で考える。ロゴマーク、グラフィック周りは、柴田さん経由で廣村正彰さんにお願いすることになった。なんとも豪華な顔ぶれだ。

二〇一一年九月　工房でつくったイメージを再現

東京の柴田さん事務所にてミーティング。まずは柄の提案をいただく。ストレートで根本のRをやわらかくしたもの、ちょっとくびれがある個性的なもの、太鼓型のもの、の三案。「普通の生活者が使うものなので、デザインは見せない方がよい。昔ながらの工房でつくったようなものをイメージした」と柴田さん。図面では分かりづらいので、模型をつくって再度検討することにする。

次に商品パッケージ。段ボール×ハトメ紐、緩衝材の入った封筒、白い段ボール×紐、の三案。「段ボールには工房感、温かさ、泥っぽい感じがある。また人がチェックしている本物感も伝わる」と柴田さんが説明してくださる。段ボールの積層の中に、庖丁が埋め込まれるような体裁だ。全員一致で段ボール案に決定。

さらに、庖丁の展示用ケースのデザインも柴田さんに依頼する。流通を問屋経由から直で小売店に販売する形態へ変えるため、卸先にはこれまで庖丁を扱ったことがない小売店が増えるものと予想される。小売店側からすると、刃物を扱うのに抵抗を感じる可能性もある。その抵抗を和らげるために、そのまま店頭に展示できるケースを用意したほうがいいと考えたのだ。理想はどんな店舗でも対応できるよう、平置きにも立て掛けても使えるもの。ふたがついていて、庖丁が簡単に取り出せないもの。そのあたりも検討してもらうことにする。

翌日は新潟に向かい、タダフサ事務所にてミーティング。まず「研ぐ」ことについて議論する。工房の輪郭を際立たせる「研ぎ」、この部分のコミュニケーションを丁寧につくりたい。「庖丁を研ぐ」ということ自体に、あまりなじみがない人も多いので、まずは分かりやすく整理したツールをつくることにする。

【研ぎ直しリーフレット】

エンドユーザー用。商品と一緒に店頭に置くイメージ。以下の内容を盛り込み、同じ内容を商品カタログにも掲載することにする。

・庖丁はいつ研ぐのか。目安を「三カ月」と設定。「トマトが切れなくなったら」というような「研ぎごろ」が分かる事例をイラスト入りでいくつか挙げる。
・自分で研ぐ場合の研ぎ方を、イラスト入りで簡単に説明。
・研ぎ直しサービスについて。タダフサに研ぎ直しを依頼する際の方法について説明する。価格設定を刃渡りごとに決めるなど分かりやすくし、庖丁の郵送の仕方も明記。

【庖丁問診表】

庖丁の商品パッケージに入れる付属品として作成。研ぎ直しに出す際は、この問診表を同封して送る。自己診断で簡単に研ぎ直し料金の見積りが出せるようにする。また、庖丁の郵送方法についても明記する。

【研ぎ直し無料券】

キャンペーンなどで使えるように。例えば発売から一年間は商品にベタ付けする、という方法もあり。

【砥石の商品化】

一から開発する時間がないので、既製品のなかからいくつか候補を挙げる。庖丁の箱のなかにセット出来るような小振りのものがあるとベストだが、小さい砥石は研ぎづらい。既製品では適度な大きさがない。既製品の流用は難しいかもしれない。

柴田さんにお願いする新ブランドの製作物についても、抜けや漏れがないかを確認。

【店頭用リーフレット】

庖丁を衝動買いする人はあまりいないので、興味をもった人が持ち帰って検討できるようにするためのツール。「最初の三本、次の一本」を端的に説明。各庖丁について、用途を説明した短めのコピーを添える。サイズなど基本スペックと、研ぎ直し案内も入れる。

【ギフトボックス】

贈りものとして購入する場合も多いと想定されるが、昨日決まった段ボールの商品パッケージは自宅用に見えるため、専用のギフトボックスをつくることを検討する。

【名入れ】

庖丁に名入れをするのは一般的だが、通常の名入れフォントはいかにも和庖丁という感じで、今回のブランドにはテイストが合わない。ローマ字刻印にすれば、オペレーションも可能でデザインも出来るのではないか。柴田さんに相談することにする。

【取扱説明書】

庖丁の商品パッケージに必ず同封しなくてはならない。既存のものではデザインが合わないので、こちらも柴田さんに併せてつくってもらう。

二〇一一年九月　新ブランドをどう売り出すか

柴田さんの事務所へ行く前に、東京駅近くのカフェにてミーティング。

忠幸さんから、悪いニュースが届く。使用予定だった口金を生産する会社が倒産してしまったとのこと。取り急ぎ初回に必要な最低限の数は確保したが、次に発注するところを探さなくてはならない。

商品パッケージについては、新潟の箱メーカーで見積りをとったところ、価格的にも許容だった。ここで、忠幸さんから箱に関する要望があった。今回新ブランド用につくる箱を、例えば刃渡りごとに四サイズくらいつくって、タダフサの庖丁の箱をすべてこれに統一したい。ただ、箱のくぼみが各庖丁の形に合っていないため、ふたを開けたときに庖丁が落下する危険性があるかもしれないので、そこは要検討。

砥石は、既製品を探してみたが、やはり良いものがない。無理をせず、今回の商品化は見送り、必要であれば第二弾以降で検討することにする。

新ブランドをどうやって売っていくかについてもアイデア出しをする。切り込み隊長は「パン切り庖丁」なので、それをどう売るかを考える。影響力のあるインテリアショップにまず置いてもらう、パン特集など雑誌とタイアップする、有名パン屋さんに使ってもらう……などの意見が出る。

「洋庖丁と和庖丁のあいだ」が完成

移動して、柴田さん事務所へ。まず、ロゴの提案をいただく。先日タダフサの工場で撮った道具の写真をモチーフにしたデザインだ。要望どおり工房感が出ている。このように、道具をモチーフにしたロゴデザイン。
工房感が出ている

こちらのやりたいことを実現するため、適切な素材をあらかじめ用意する、というのも、デザインディレクションのポイントだ。この摑み箸のマークは単体でも用い、商品にはこのマークのみが入る。このロゴに決定。

名入れ用の刻印についても、ロゴと共存するようなフォントを考えていただくことにする。

次に柄の決定。柴田さん作成の柄の模型に、ブレードを入れて検討する。庖丁はブレードの存在感、怖さがあるので、少し丸みを帯びた柄でそれを打ち消すのがいいのではと、太鼓形のものに決定する。少しだけ洋風。でもカッコつけてはいない。

パン切りのブレードは、細身のものは技術的につくることができなかったため、もとの太さに戻すことにした。

このとき、商品サンプル七本すべてを机の上に並べてみた。

「お洒落なお料理の上手い人という感じがする。『本格庖丁セット』というと、作務衣を着た人が出てきそうだけれど、これはそうではない。洋風と和風のあいだくらいの感じ。これでイタリアンをつくってもいいよね」とは、柴田さんの感想だ。

ここで、柴田さんにパン切り体験をしていただくことに。じつはそのために、パン屋さんに寄って食パンとバゲットを買ってきていたのだ。

パンに刃を入れた瞬間、「わぁ、すごい！」と柴田さんが歓声を上げる。特にやわらかい食パンの切れ味。とても薄く切ることができるし、パンくずが少なく、切った断面がなめらかだ。切れ味に感動してくださっている柴田さんの姿を見て、嬉しくなる。「そうなんですよ！」と自慢してまわりたい気持ちだ。

商品ラインは分かりやすさを重視して7本に絞った。
左端がパン切り

試し切りした結果、先端の波刃をあと三山（二センチ）くらい増やすことに。

朴訥なイメージで全体を統一

商品パッケージについて、基本、工房らしく「朴訥、頑固」につくるイメージで、全体

商品パッケージは人の温かさが伝わる段ボールとハトメ紐に決定。表面にはロゴだけを入れてシンプルに

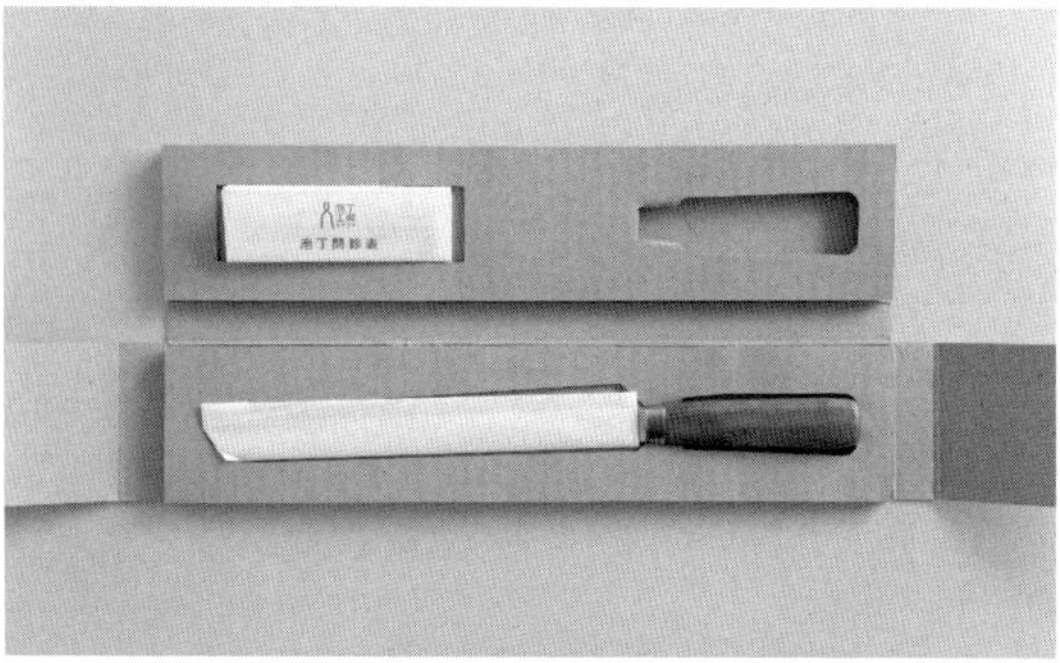

ふたの内側に「庖丁問診表」を収めるくぼみが。
研ぎ直しサービスを利用するときの郵送ボックスとしても使えるようになっている

のバランスを統一していく。箱の表面はロゴを入れるだけのシンプルなものにし、側面は品番を入れてシステマティックにする。会社の住所などの文字情報は、裏面にまとめる。PP（ポリプロピレン）などテラテラした素材は使わない。またギフトパッケージについては、議論の結果、別につくるのではなく、帯のようなものを巻く体裁にすることにした。

展示用ケースは木板に庖丁の形をくりぬき、そこに庖丁を入れ（庖丁が固定される）、上からアクリルをかぶせるという案をいただく。それが実現可能かどうか、忠幸さんが木工屋に確認することになった。

庖丁問診表と取扱説明書は一枚にして、名称を「庖丁問診表」にした。商品パッケージのふたを開けたときの内側に専用のくぼみをつくっておき、そこに入れる。消費者心理として、入れる場所が決まっていると、捨てずにとっておいてくれる。

店頭用リーフレットについては、「墨一色で商品写真はなく、線画などの方がよいと思う。極力シンプルに」と柴田さん。ここでもトーン&マナーの統一が大事だ。

二〇一一年一〇月　商品名にもブランドとしての整合性を

柴田さんの事務所でミーティング。商品パッケージの最終デザイン確認と、刻印のフォントを決定。さらに、柄とブレード、口金の溶接の細かな調整。

次に商品名について議論。「最初の三本」の中でも、最もオーソドックスな庖丁の名前が「万能中」と、「中」がつくという違和感。柴田さんからは「『万能』と言ってしまうと、本物っぽさがないのでは?」というご指摘があった。その部分は忠幸さんも少し感じていたようだ。

だが、ここは譲れない。「いや、『万能』でいくべきです。そもそも、細かく用途別に分かれていて分かりづらかった庖丁を、分かりやすくしたというところがポイントなので、用途別の名前は極力つけるべきではない」と、私は主張した。商品名ひとつとっても、ブランドとしての整合性はとるべきなのだ。

そこで打開策として、「万能」の後に刃渡りのサイズを付け加えることにした。こんな感じだ。

「万能210」「万能170」「万能125」「出刃150」「出刃105」

サイズを入れることで、プロらしい感じを出すことが出来る。ただこうすると、やや男性っぽい感じがしてしまうので、他の部分で女性へのアプローチは必要となるのかもしれない。

また、「最初の三本、次の一本」を「基本の三本、次の一本」に変更する。「最初の」では初心者用に思われる恐れがあるからだ。

三月発売の予定なので、ウェブサイトも整備していく必要がある。研ぎ方の話や珍しい業務用庖丁の話など、庖丁にまつわるこぼれ話が盛り込まれているといいね、という話をやわらかくする。

二〇一一年一〇月　切れ味だけではニュースにならない

柴田さんの事務所にてミーティング。製作スケジュールが立て込んできている。庖丁にロゴと刻印をレーザーで入れたサンプルを確認。いよいよ「庖丁工房タダフサ」が形になってきた。

ギフトパッケージについては、ハトメ部分を隠すように紙帯を巻き、真ん中にロゴを小さく金色で入れ、リボンっぽく見えるようにした。

店頭用の展示用ケースは板をくりぬく体裁を考えていたが、木工屋の加工が難しいとのことで、別の仕様を考えることになった。また、「庖丁工房タダフサ」のロゴ使用についても整理。株式会社タダフサとして、「庖丁工房タダフサ」のロゴを使用することになった。

封筒や名刺など、すべてにこのロゴを印刷する。商品につけるロゴは、新ブランドについては庖丁工房タダフサのロゴを使い、既存の商品にはこれまで同様「忠房」のロゴを使う。

柴田さんとのミーティング後、月刊誌「天然生活」の編集部を訪ねて地球丸へ。「パン屋特集」などとタイアップして、パン切り庖丁を紹介していただけないか、という依頼をする。もちろんパン切りのサンプルを持参し、切れ味を体感していただいた。だが、急遽用意したパンが六枚切りにスライスされた食パンだったので、実演インパクトはいまひとつ。大きな反省だ。試し切りをする際は、必ず食パン塊一斤を用意しなくてはならない。

さらに、編集長の古庄修さんに指摘される。「『この庖丁切れます』というのはニュースにならないんですよ」。なるほど確かに。意気消沈する私たちを見て気の毒に思ったのか、「料理研究家の方々とお付き合いがあるので、たとえばサンプルをお預かりして、パンを得意とする研究家の方々に送る、ということは出来ますけれど、いかがですか?」とご提案くださった。古庄さん! ぜひお願いします!

「天然生活」編集部を出て次の打ち合わせへ。既存商品カタログについて、SPREADさんと、見やすく分かりやすいレイアウトを検討。

二〇一二年二月　良さを伝える最適な方法を探る

今回でコンサルティングも最終回だ。まず、パン切り庖丁の意匠登録について検討する。「一部だけ波刃」というのは既にあるようで、意匠登録は難しい状況だということが分かる。ただ、期限が切れているものも多く、再チャレンジしたい。

原材料費、工賃が出揃ったので、競合他社の価格も参考にしつつ、いよいよ新ブランドの上代を決定する。それに年間販売計画をかけて、新ブランド初年度の予算は二五〇〇万円に。大きな数字に一瞬ひるんでしまう。

忠幸さんの自宅からホームベーカリーを持ってきてもらい、焼き立てパンを切ってみる。実は、焼き立てのパンでの切れ味を試したことがなかったのだ。皮が硬く、中が熱々でやわらかいパン。硬い皮の部分に刃を入れるのに時間がかかり、やわらかい部分はすっと切れるが、はじめに手間取るので感動は薄い。これまでいろいろ試してきたが、このパン切り庖丁の良さを一番良く伝えられるのは、焼き立てではない角食パン（塊）であるとわかった。

展示用ケースは、七本用を一枚板でつくるのは難しいので、三本＋四本の二枚に分けることにする。

売り方についても作戦を練る。小売店は、インテリアショップのシボネや東京・合羽橋の釜浅商店などを攻める。紀ノ國屋、ディーン＆デルーカ、成城石井などスーパー系にもアプローチする。また、有名パン屋さんに使ってもらう、知名度、影響力のある方にサンプルを渡して使ってもらうなど、以前挙がった案も再確認。

デビューとなる展示会「大日本市」での売り方についても相談。パン切り実演はマストだ。角食パンと一般的な波刃のパン切り庖丁を用意し、切り比べてもらってその違いを際立たせる。また、ある程度まとまった数の注文で展示用ケースをプレゼントすることにする。京都・東京の二会場、七日間の会場受注目標は、三〇社、一五〇万円。また、中川政七商店の直営店で二月から開催する「パンを食べる七つ道具展」にて、パン切り庖丁のみ先行販売することに。

今回で顔を合わせての打ち合わせは最後となる。後はメールなどで相談。

六つの特長をまとめる

プレスリリースを作成する。庖丁工房タダフサの特長を端的に分かりやすく説明できるよう、「六つの特長」に整理してまとめた。

①分かりやすいシリーズ展開
②パン切り庖丁
③デザインは柴田文江さん
④工房ならではのメンテナンス
⑤腐りにくい抗菌炭化木を使用
⑥刻印による名入れ

大日本市で「庖丁工房タダフサが生まれるまでの道のり」と題したセミナーを開催することを決定。問題意識↓新ブランドの特長↓目指す姿、を分かりやすくまとめ、忠幸さんの熱い想いも伝えられるような構成にする。

二〇一二年一月　大当たりのパン切り実演

そして、いよいよ迎えた大日本市。不安もプレッシャーもあるだろうが、ここまできたら、これまでやってきたことを信じて楽しもう、と送り出す。パン切り体験は大当たり。バイヤーの方の食いつきがすごい。まずは体験し、感動してもらったところで、細かな特長や組み立てを説明する。パン切り体験がフックになって、タダフサブースが賑わっている。「こういう普通のいい庖丁、探していたんです」という声がたくさんあった。これまで庖丁を扱ったことがない小売店も、基本の三本をセットで買っていく。

休憩も取れないくらい忙しくハードな七日間だったにもかかわらず、忠幸さんはとてもいい顔をして接客していた。

会期中受注実績

受注件数：目標三〇社、実績四七社
受注金額：目標一五〇万円、実績二二〇万円

シボネをはじめ、全国各地のインテリア・雑貨ショップでの取り扱いが決まり、「婦人画報」通販での扱いも決定した。毎日新聞新潟版や「ケトル」「Ｐｅｎ」などの雑誌にも取り上げてもらうことができた。

庖丁工房タダフサのデビューは大成功となった。「庖丁」という小売店側からすると扱いづらい商品のため、実は最後まで不安があったが、大日本市でそんな不安は吹き飛んでしまった。本当に多くの店から問い合わせがあり、まずは安定供給に取り組むことが大切になる。

二〇一二年二月　見て伝わらなければ意味がない

大日本市後、本生産がはじまったパン切り庖丁のサンプルを忠幸さんから送ってもらう。開けてみたところ、波刃部分がほとんど分からないのが気になった。忠幸さんに確認すると「これでも十分に引っ掛かるから」とのこと。検討時のサンプルは手でつくっていたが、本生産は機械なので微妙に異なるのだ。「波刃がこの浅さでは、伝わらない。見て伝わるようにしなければ、なんの意味もない。これ以上浅くならないように」と指示する。

商品名の「万能」についてもそうだが、譲ってはいけない部分は頑なに守らなければならない。きちんと組み立てたものの中身が薄まらないよう、すべての部分の整合性をとり、コミュニケーションをコントロールすることが何より大切なのだ。コンサルティングでは、そういう部分を妥協せず行き届かせることを強調したいと思っている。

コンサルティングを終えて

つい先日、グーグルで「パン切り庖丁」と検索したら、「パン切り庖丁　タダフサ」という候補が挙がることに気付いた。二回目の打ち合せで「『○×庖丁といえば』というポジションならとれるかもね」と話していたことが、現実になりつつある。

第4章 カーペット業界の三代目、フローリングへの逆襲を誓う

堀田カーペット株式会社（大阪府和泉市）

創業●一九六二年
代表者●堀田繁光
従業員数●三〇名
売上高●四億六〇〇〇万円（ピーク時一〇億五〇〇〇万円）
事業内容●高級織物カーペットの製造・販売
背景●カーペットは畳やフローリングと並ぶ床材の一種。手織りの歴史は紀元前にまでさかのぼり、機械織りは一八世紀のヨーロッパが発祥。日本では

＊数字はコンサルティング開始当時のもの

一八八九年（明治二二年）に大阪に技術が持ち込まれ、機械生産が広まった。近年ではダニやホコリの温床になるという誤解により、住宅における脱カーペット化が進み市場は縮小の一途。業界としてもカーペットに対する誤解を解く努力をしているが、フローリング普及のスピードに太刀打ちができない状況に陥っている。堀田カーペットは中規模のメーカーで、ホテルなどで使われる高級織物カーペットを製造している。

二〇一一年三月　思い描く理想の会社を探して

奈良の中川政七茶房で顔合わせ。久しぶりに会った三代目の堀田将矢さんは、とてもワクワクした表情だ。昨日から楽しみで仕方がなかったそうだ。カバンから私の共著である『ブランドのはじめかた』（日経ＢＰ社）を取り出し、「僕のバイブルです」と言った後、屈託のない笑顔を見せた。実は一度、前年の七月に経営相談を受けていたため、初対面ではない。新しくラグのブランドを設立する際にこの本に出会い、自分たちにもブランディングが必要だと感じて相談に来たのだった。そこから八カ月経ち、コンサルティングの再依頼を受けた。

将矢さんは堀田カーペットの三代目。大手自動車メーカーに就職したが、家業に入り三年目を迎えていた。同社は一九六二年に将矢さんの祖父が創業、現在の社長は将矢さんの父親である。叔父が常務取締役を務める、いわゆる家族経営の中小企業メーカーだ。主力は高級織物カーペットの製造だが、ピーク時に一〇億円あった売上は現在では四億円にまで縮小。黒字ではあるものの市場の未来は決して明るくない、そんな環境にあった。

「堀田カーペットの向かう方向を言葉に落としたい」

これが将矢さんからの依頼だった。現状を聞き出してみると、会社の雰囲気が閉鎖的だと感じていて、従業員がやる前から「できない」と言ったり、言い訳から始まったりするのがとても嫌だ、という。代替わりを前提に仕事をしているつもりだが、自分のやり方を見いだせず、現社長の壁を越えられないという悩みを抱えていた。

どこでどう戦うのか、跡継ぎの覚悟

ブランディングは、まず「自分がどうなりたいのか」が大切である。

どこでどう戦っていくのか、どうやっていきたいのか、どんな会社にしたいのか。将矢さんが思い描く「理想の会社」がなければ話にならない。

跡継ぎが最も苦労するのは現社長（たいていは父親だ）との関係だ。将矢さんによれば、二代目である堀田社長は職人的でがむしゃらな人。朝礼で唱和する言葉の冒頭は、「夢と感動を求めよう」である。これだけでも、淡々とした会社ではなさそうだと分かる。その堀田社長は今回のコンサルティング依頼を承諾しているのか、単刀直入に聞いてみた。

「実は『今のタイミングで必要なのか？』と言われています」

やっぱり、だ。現社長は外部の人間を入れることに対する拒絶感があるらしく、前向きではないという。これでは絶対に成功しない。指揮を執るのは三代目でも構わないが、お金を出す現社長が納得して任せてくれないと、ブランディングはうまくいかない。

将矢さんには、堀田社長を納得させなければならないことを強く訴え、そのためには「覚悟」が必要だと伝えた。さながら悩み相談であり、私自身、経験者だからこそできる説法のようでもあった。念には念を押し、通常のコンサルティング契約は一年のところ、異例の六カ月で契約することに決め、その後のことはその時点で見極めることにした。マルヒロ、タダフサに続く三件目のコンサルティング案件がスタートした。

この案件の鍵を握るのは、堀田社長のコミットメントだ。

二〇一二年四月　伝える方法が間違っていた

大阪府和泉市の堀田カーペットを訪ねた。あいにく堀田社長は不在で、将矢さんと入社四年目で幹部候補の井上貴博さん、仕入や織りの設計を担当している正木信幸さんが出迎えてくれた。

まずは、直近五年分の決算書を見せてもらう。工賃や原価、ロットの考え方も確認する。高額の商品をつくっているということは分かった。続いて、業界のことをまったく知らない素人の私たちに、カーペットづくりについて教えてもらう。

「織カーペット」というビデオを見る。まるで社会科見学だ。さらに、工業組合が発行しているリーフレットや冊子などをどっさりもらい、製法や素材のことを勉強した。簡単に説明しておくと、カーペットの製法は大きく二つある。「織る」方法と「刺す」方法だ。手織りで有名なのは、例えばペルシャじゅうたん。「刺す」方法には、タイルカーペットに代表されるタフトと呼ばれるものと、ラグなどに多いフックと呼ばれるものがある。堀田カーペットが得意とするのは、「ウィルトンカーペット」という機械織りの高級ウールカーペットだ。

隣棟にある工場を案内してもらった。ガッシャン、ガッシャンと大きな音を立てているのはウィルトンの織機。横幅が八メートル以上もある。一台につき職工一人がつきっきりで動かす、大きく豪快で繊細な機械だ。新品の機械は一台一億円もするそうで、日本にも

倉庫にずらりと並ぶ反物。
札を見ると高級ホテルや旅館の名前がずらり

倉庫にどっさり積まれたウールの糸。
中川に説明をする三代目の将矢さん（右）

数十台しか残っていない。中国でさえウィルトンの織機を持っている会社は数社ほどしかなく、新規参入がまったくない市場になっている。

どっさり積まれたウールの糸を横目に、倉庫を案内してもらった。体育館のような広い空間の左右に整然と並ぶ反物。近づいてぶら下がった紙を見てみると、なんと高級メゾンや高級ホテル、旅館などの名前がズラッと並ぶ。それらはすべて堀田のカーペットを使っているそうだ。あの有名ブランドの店舗の床材が、大阪の和泉市でつくられていたとは。堀田カーペット、おそるべし。

検反（規格どおりか検品すること）のスペースでは、職人がはさみを片手に遊び毛を丁寧にカットし、掃除機で吸い取っていた。この作業も手作業で行っているとは驚いた。カーペット業界のことを少しずつ目で見て理解しながら、事務所へと戻った。

カーペット vs. フローリング

堀田カーペットはウールの品質にこだわっていた。世界中からウールを集めてきて糸を開発している。製品づくりは真剣で、クオリティも高い。それは高級メゾンなどとの取引が証明している。しかし、その品質をもってしても世の中の流れと市場の縮小には逆らえないでいた。

コンサルティングの目的は「会社の向かう方向性を言葉にする」だった。しかし、ただ言葉にするだけでは私たちが関与する意味がない。ブランディングの結果として売上が上がることが重要なのだ。だから、カーペットが売れるように問題解決をしなければならない。ヒアリングを続けながらカーペットの可能性、堀田カーペットの可能性を探る作業が続いた。

だが考えれば考えるほど、不利な要素が多いように思えてくる。なにしろ一般的にカーペットは、アレルギーやぜんそくに悪いというイメージがある。毛の長いカーペットは、ハウスダストやダニがたまって不衛生だという認識が広まり、どんどん市場から消えていった。その代わりに、ある時期から一気に広まり、完全に日本の住宅の床を牛耳ってしまったのがフローリングだ。

ところが、将矢さんの口から思いがけない発言が飛び出した。

「実はフローリングのほうがアレルギーに悪いんですよ」

負け惜しみ？　と思われるが、詳しく聞けば理屈はこうだ。アレルギー体質やぜんそくの人は、空気中のホコリを吸うと悪化することがあるためホコリに敏感だ。フローリングならホコリは少ないと思われているが、実はフローリングは木の板なのでホコリが定着することができない。床に舞い降りたホコリも、人が歩く風圧で再びふわっと空中に舞い上がってしまう。そして舞い上がったホコリは、九時間も（！）落ちてこないという。だから、フローリングの空間、特に赤ちゃんがハイハイするような床上三〇センチの空間に、最もホコリが舞っているのだという。

一方、カーペットはホコリをパイルと呼ばれる毛先がキャッチして、再び舞い上がるのを防ぐ。だから空気中のホコリの量はフローリングより少ない。つまり、ホコリを吸い込む量が少なくなるのでアレルギー症状がでにくい、というわけだ。もちろんカーペットでも、掃除をしなければホコリはたまる。掃除機で念入りに掃除することが前提ではあるが、これは衝撃的だった。一般人は騙されている……とまでは言わないが、床材とアレルギーには直接的な因果関係はないというこうした情報を知らず、フローリングがいいと思い込んでいる。「フローリングの部屋を掃除して出かけて帰ってきたら、もうすでに黒い棚の上などにホコリが付いてますよね？」と言われて、完全に思い当たった。確かにそうだ。

状況を整理すると、こういうことになる。本当にカーペットがいいのだとしたらもっと売れてもいいのだが、その「利点」が一般の人にはまったく伝わっていない。これが問題なのだ。将矢さんは少なくとも私たちを短時間で納得させた。つまり、「伝えるべきことは整理されている。が、伝える方法が間違っている」のだろう。これでこの案件の肝要におおよその当たりがついた。

「親父」を意識しすぎない

この日はもうひとつ、将矢さんのビジョンを見つける作業も行った。腹を割って自分の想いを話す時間だ。カウンセリングの要領で、趣味趣向などを聞き出していく。モノに対しての執着などはあまりなかったが、随所に「親父」に対する想いがにじみ出てきた。「親父に認められたい」。一言でいえばこうだろう。ひとつ助言をした。

「いずれあなたが継ぐのだから、あなたの会社になる。将矢さんのやりたいようにやればいい。お父さんに対する意識は抑えめでいこう」

カーペットの歴史について研究してきてください、という宿題を出して、この日のミーティングは終了。帰りの車中、今日の気づきを整理した。

・どうコミュニケーションするか
・どの層にアプローチするか
・やりたいことをどうつなげるか

次回までに、商流の整理と、強みを見つけるための整理をすることにした。

二〇一一年五月　ブランディングは本当に必要か

堀田カーペットの事務所に伺う前に、和泉市役所で将矢さんと待ち合わせをし、地元の資料や歴史などからリソースを探したが、カーペットにつながる何かを見つけることは出来なかった。深追いはせずにあきらめることに。見切りをつけるのも大切なことだ。

事務所では、堀田社長と初対面。噂どおり、恰幅のいい豪快な社長だ。見るからに手ごわそうな相手である。自己紹介の後、堀田カーペットのキーマンである堀田社長へのヒアリングが始まった。

「期待してない」

堀田社長の口から早々にこんな言葉が飛び出した。

「ブランディングと言われても、対価が見えない。見えないところにカネを使えない」

経営者としてはもっともな発言である。続けて堀田社長は、カーペット業界のことをこう話した。設備産業であること。中小企業がいくら商品開発をしても、大手メーカーがすぐに真似をすること。主力商品のロールカーペットはすべて「半製品」であり施工が必要なため、購入しただけでは使用できない品物であること。カーペットは財布からすぐ出るお金で買える金額ではない（通帳からおろす額である）こと。だから難しい、と。

予測はしていたが、思った以上に信頼されていないようだ。完全に頼り切ってお任せモードなのも困るが、隣にいる堀田社長はゆったりと目をつむり、足を揺らし、机を指でトントントントンしながら話を聞いている。その静けさが、まるで映画のような迫力だ。

私は説明した。私の本業はコンサルティング業ではなく、同じくメーカーの経営者であること、メーカーはものをつくっているだけでは難しいということ、会社は飯を食う場所なのだから、売上が上がらなければ話にならないこと、ブランディングで「堀田カーペット」を指名してもらえるようにしなければならない、それには「ものだけではない勝負」が必要だと話した。

堀田社長は動じない。

冷や汗と苦笑いの空気のなか、堀田社長に商流について詳しく教えてもらう。現在の日本のカーペット市場は、ガラパゴス化していて世界の流れとは少し違っている。国内では大手メーカー六社が圧倒的に強いが、その大手メーカーも時代の流れで変わってきた。市場に安価な製品が出回りタイルカーペットが台頭するなか、ロールカーペットの開発そのものが減り、商品企画力が低下しているのだ。堀田カーペットが自社「ブランド」を始めたのは、そこに生き残りのチャンスを見出したからだ。そうして出来たのが、「ウールフローリング」というこだわりのカーペットブランドである。

堀田社長は「既存の取引以外で一億円の売上をつくれ」という号令を出している。市場は縮小しているものの、現在の売上を維持できると見込み、新規の取引先を開拓して一億円の売上を達成できればこの先も会社は存続できると判断していた。

「カーペットには品位品格がある」。堀田社長はそう言った。確かにウィルトンは高級カーペットで歴史もあり、気品という言葉にふさわしい製品だ。堀田社長は営業でも「品位品格」を語るそうだ。それが社員にも浸透しており、みな「品位品格」が売りだと考えている。

カーペット業界の苦難やいくつもの社長の武勇伝があるなかで、「医者にカーペットが良いと言わせれば戦いは終わる」という堀田社長の一言には、歴史の重みを感じた。カーペットはダニやハウスダストの温床として注目され、一気に悪者へと仕立て上げられていた。アレルギーに悩む人々にとって、環境の改善は切実な問題だ。だから医者の言葉には絶大な影響力がある。堀田カーペットの人たちは、窮地に立たされてしまったことが悔しくて仕方がないのだ。

カーペット業界は死んだのか

「もはやカーペット『業界』はないよ」と、堀田社長は言う。

商品をつくって納品しても、職人が敷き方を知らない時代だ。特に若い職人のなかにはカーペット生活をしたことがない人も多く、カーペットの施工をする職人がまったく育っていない。そもそも施工を必要とするロールカーペットの需要自体も減っている。もはや市場がないとの見方さえあった。経済産業省の統計でも二〇一〇年度を最後に織物カーペットが項目からはずされており、国が産業として見ていないということが分かる。

だが、本当に市場はないのか。

予算が合っている／合っていない、受注を取れている／取れていない、この二軸で市場を整理してみる。

予算が見合うのに受注を取れていない理由を、丁寧に洗い出してもらった。

カーペットは床材である。堀田カーペットの主な取引先は大手インテリア会社だが、関わる人は大手の商社やゼネコン、設計事務所の社員、工務店、インテリアデザイナー、不動産業者、個人の施主など多岐にわたり、その流通経路は非常に複雑で、何社もの企業を経てエンドユーザーである施主にまでたどり着く場合が多い。業界に詳しくない私たちでは到底整理がつかないため、将矢さんにカーペットビジネスの現状と可能性をきちんと洗い出してもらうことにした。

改めて、今日の気づきと課題を整理すると、①関係者が多く、購入の決定権が誰にあるのかがわかりづらい、②カーペットという選択肢が知られていない、③流通経路が複雑、この三つに集約された。

二〇一一年六月　突破口はどこにあるのか

宿題を確認する。現在の営業戦略や営業活動でネックになっているポイントを探り、攻めるべきポイントを見極めていく。堀田常務にも参加してもらい、住宅関係（ハウジング）、商業関係（コントラクト）、ホテル、店舗設計など、流通と関係者を整理しつつ、競合他社はどうなっているのかも併せてヒアリングする。

・現状の売上の核になっているのはどれか
・収益性があるのはどれか
・ネックとなっているのは何か

・将来性があるのはどれか、ないのはどれか
・すでに行動に移しているものはどれか、その成果はどのくらいか

すると、ハウジングしか余地がなさそうだということがわかった。さらにハウジングのパターンを細分化して精査していく。どうやらボトルネックは、「施主」および「設計者、建築家」といった決定権者だということがわかった。さて、どのようにして攻めようか。
施主や設計者は企業の場合もあるが、一般人であることも多い。特に住宅の場合、施主は一般人であることがほとんどだ。住宅業界に対するアプローチと、一般に対するアプローチをどのようにするか。堀田カーペットではすでに住宅業界に対する営業活動は行っていた。それなりに成果はあったが満足なものではなく、減少傾向でうまくいっていないようだ。会議室の雲行きは怪しくなってきた。

突破口は「エンドユーザー＝一般のお客さん」にあるのではないか。今ではカーペットの敷き込みができる職人も少なく、設計者にも建築家にもカーペットの正しい知識をもっている人がいない。だから、カーペットという選択肢がないのだ。何も知らないならば、設計者も建築家もインテリアデザイナーも一般人と同じだと捉えればいい。すべての人は

自分で家を建てるとき、リフォームをするときにはエンドユーザーになる。そう考えれば、広義でのエンドユーザーなのである。これには全員がうなずき、納得した。

一般のお客さんを啓蒙して、市場を拡大する。市場が増えれば、シェアは変わらずとも堀田の売上は増える。これで「一般の人たちを攻める」ことに決まった。堀田社長も大きくうなずいていた。第一関門は突破した。安堵した瞬間だった。

顧客に「響くこと」を探す

次に決めるのは、何で勝負すべきか、ということ。コミュニケーションが問題であることはすでに明確になっている。何をどう伝えていくべきかの絞込みを行った。差別化のポイントとなる「軸」を決めていく。

・フローリング　vs.　カーペット
・ウール　vs.　その他素材
・織り　vs.　その他製法

これらについて、それぞれメリットとデメリットを挙げていく。まず、素人の私が考える。その後に、プロの目線でひとつひとつ真偽や理由などを説明してもらう。プロは自信のある商品をつくっているから、伝えたいことはいっぱいある。だが、相手には「響く」ことと「響かない」ことがある。今回は、一般のお客さんにとって「響く」か「響かない」かをチェックしていく。そして「響かない」ところは思い切って捨てる。伝えるべき優先順位が低いということなのだから。

堀田カーペットはまさにこの罠に陥っていた。語らせると長い。セールスポイントがありすぎて、聞き手が混乱してしまうのだ。つくり手にとって、捨てるのは苦痛かもしれないが、自分たちにとっては当たり前のことが必ずしも通じないということを理解しなければならない。言いたいことを極限にまで絞り込む。多くても三つまで。行き詰まったときは、「じゅうたん生活を知らない人に響かせる」が合言葉になった。

「響くこと」の起点で整理すると、

①不衛生、アレルギー、掃除がしにくい
②床暖房いらず
③音がしない、安全、リフォームが安い

①がいちばん響き、次に②③となる。堀田社長は営業のときに「健康、安全、快適、メンテナンス」を強調しているという。だが重要なのは、「健康、メンテナンス、安全」の三つで、この順番で伝えていくことがいいと考える。

ここで、ブランディングの定義を再確認する。

「ブランディングとは、伝えるべきことを整理して、正しく伝えること」

・誰に＝設計者、一般人
・何を＝「健康・安全・メンテナンス」
・どのように＝今後の課題

「どのように」とは、例えば和泉市全体を巻き込むとか、掃除機メーカーを巻き込むといったアクションのことだが、それを考える前に、現状のツールや方法を整理することにした。メールニュース、写真、見本帳、多種多様なリーフレット、ウェブサイトなどのツールをすでにもっている。それぞれ改善や使い分けなどを考えつつ、一旦保留する。

細部のストーリーやタッチポイントでいかに効率的に伝えるか。そのアイデア出しを次回までの宿題にするつもりが、結局その場でブレインストーミング開始。衛生面からは、掃除機メーカーや医者の協力を得る、テレビに露出するなどの意見が出る。一般人の情報収集方法では、テレビ、雑誌、本、モデルルーム、口コミ、親、友達などが出てきた。さらに雑誌の種類を掘り下げていくと、インテリア雑誌、建築系雑誌や収納・家事系雑誌などの名前が挙がった。話の流れのなかで、適宜方向性の確認をしていく。安全を優先するならばターゲットが年配の人になるが、それでいいのか？ リフォームと新築ならばどちらのほうが多いのか？ そうして、新築で家を建てる人をメインターゲットに絞り込んでいった。

ブレストでは市場規模や影響力、トーン＆マナー、根本解決に近づけそうなタッチポイントになるか（あるいはそのルートに近づけるか）、実現可能性なども多少考慮した。

随分と整理されてきた。半年の契約期間の残りは三カ月。次はアクションプランを作成するので、引き続きのアイデア出しと、三〇文字以内のキャッチコピーを大量につくってもらうことを宿題にした。

二〇一一年七月　ブランディングとは何かを問い直す

いつものように堀田カーペットの事務所へ。

まずは前回を振り返る。どこに、誰に伝えていくか、伝えるべきことの整理をして、「健康、メンテナンス、安全」に決まったこと。「今日のゴールは、実現可能性を踏まえて、どこからどう手をつけていくのかまで決めましょう」と言うと、堀田カーペットのメンバーに妙な空気が流れる。将矢さんが口を開く。

「実は、あのあと僕らもいろいろ考えて議論したのですが、やっぱり違うんちゃうかっていう話になって……」

これはまずい流れだ。続けて堀田社長がゆったりとした口調で、得意先の社長との話を交えながら、カーペットでのブランディングは難しいということを暗に伝えてきた。「カーペットは財布のなかから買える商品ではないんや。衝動買いはありえない品物なんや。それを、どうブランディングで変えられるっていうんか」

話が二回前くらいまで戻っている。仕方なく、再び過去の流れを追って説明し、問題解決として方向性が間違っていないことをひとつひとつ確認。ブランディングの説明と、今までとは違うやり方でやっていくしか道がないことを説明し、ひとまずの納得を得た。冷や汗が出たが、納得のいかないままでブランディングが成功するはずもない。ここで一度もやもやを吐き出してくれてよかった。しかし、今後は逆戻りしてはいけないことも、併せて説明した。毎度根本の議論を繰り返すと、積み上がっていかないからだ。何ごとも議論を尽くして積み上げることが大切なのだ。

キャッチコピーを決定

ようやく本題のキャッチコピーの整理に入る。キャッチコピーというのは、一瞬でお客さんに伝えるもの。一つに絞り、あらゆる場所について回り、刷り込みを行うものである。宿題をチェック。なんと、過去に営業ツールとして使っていたことがあるというカーペット川柳が登場。せっかくなので一部をご紹介する。

・飛び交うホコリ　おちてくるのは　9時間後　じゅうたん敷けば　ホコリは舞わず
・とんがった　シンプルモダンは　けがのもと
・おばあちゃん　足下滑って　おおあわて　家にいながら　安全を問う

これはこれで面白いのだが、カーペットをずばりと説明していないし、カーペットに変えたくなるようなキャッチコピーになっていない。何よりカーペットのキャッチコピーではなく、フローリングの悪口になっている。幸い、そのことにみんなが気づき、軌道修正をすることにした。

・安心した子育てを応援するウールフローリング
・住まいの快適を求めればウールフローリング
・リラックスな日常をあなたに
・心と体の健康　ウールフローリング
・カーペットでアレルギー知らず

今度は少しマシになったが、語呂の良さからほとんどに自社ブランドのウールフローリングがついてしまい、カーペット愛と愛社精神が前面に出てしまう。もはやブレストがコントのようになってきた。面白かったのだが、仕切り直して全員でブレスト。ホワイトボードに書き出して、響くか響かないかのチェックや違和感などを議論していく。ここでは、例えば「快適」と「健康」の細かなニュアンスなども踏み込んで議論をした。堀田カーペットとして保つべき品位なども、トーン&マナーとしてすり合わせる。キャッチコピーは形容詞と名詞の組み合わせにすることも決まった。「じゅうたん」というのは織物カーペットにしか使えない言葉なのだそうだ。つまり、堀田カーペットの商品には使える。議論のなかでそういうことも判明した。

そして決まったキャッチコピーが、「アレルギーのない、じゅうたん生活」。

実は最後まで議論したのは、「アレルギー」という言葉を使うかどうかということ。アレルギーの原因となるホコリの量が他の床材に比べて少ないのは確かだが、アレルギーが発症しないわけではない。それは住む人のメンテナンスも関係するからだ。数値に関しても、海外の論文はあるが、日本の機関が出している研究結果や根拠となる数値はないに等しい。ここまで言い切っていいのか。できれば直接的な表現は避けたいというのが、堀田カーペット側の意向だった。しかし、ここで言い切らないと人には伝わらない。引っ掛かりが必要なのだ。まして今回は、カーペットに対する習熟度が低い人が対象である。法律なども確認し、この表現に決着した。

コミュニケーションの対象については、「影響度」と「動きやすさ」の二軸がある。同じ一人に賛同してもらうにしても、一人の一般人よりも東京の一人のスタイリストのほうが、はるかに影響力がある。こういったことを念頭において、どこをどう攻めるのかを考えなければならない。

コミュニケーションの仕方を考える

次はコミュニケーションの方法だ。前回のアイデア出しも参照しながら、「媒体、ツール、コンテンツ」の三つに分けて整理する。ここで出た方法を①実現可能性、②効果、③費用を考慮してSABCでランク付けをするのだ。こうすれば冷静に営業戦略を立てられる。例としてステテコメーカーの話をした。ウェブサイトを用いた啓蒙の事例なのだが、会社名を出さずにウェブという「場」を用意した仕掛けで、時間をかけて現在のステテコブームを生み出した。大手もステテコをつくりはじめて市場が大きくなり、結果的にステテコメーカーの売上は増えたのだった。これこそ今回やりたいことなのではないか。やるべきは「営業活動ではなく啓蒙活動」だ。

啓蒙サイト「carpetroom」誕生へ

堀田カーペットとは切り離し、カーペット啓蒙サイトを立ち上げるプランが決まった。サイトのオープンは一一月一日。なぜならば、この日は「カーペットの日」なのだ（実は堀田社長たちもカーペットの日を知らなかった。いただいた冊子の中に書いてあったのだが、得てしてこういうものである）。

興味をもってもらえるよう、コンテンツは変わった切り口でつくることにした。ちょっとおバカな感じ。まじめにおバカ。例えば、堀田社長の強烈なキャラクターを活用し、堀田社長の「品位品格の部屋」をつくり、社長がそこでひたすら語る。あるいは、じゅうたんマンとフローリング仮面のヒーロー漫画とか。堀田カーペットのカーペット愛を存分に活かせばいいのだ。

ウェブサイトを使うには理由がある。すべての活動の受け皿となり、さらにウェブにたどりついた後の行き先をコントロールできるという最大の強みがあるのだ。ウェブサイトからはリンクを貼っていないと出口がない。だからサイトを見てカーペットを買いたいと思ったり、興味をもった人が堀田カーペットのサイトにアクセスできるようにしておけばいい。また、誰かがｃａｒｐｅｔｒｏｏｍを検索したときに、検索画面の二番目に堀田カーペットが出てくるようにするのだ。そうすれば啓蒙活動が軌道に乗り、話題になったときにも、堀田カーペットのサイトにアクセスしてくれる可能性が高くなる。将矢さんも「自分たちも近いことを考えてやろうとしていたが、こういうアプローチは思いつかなかった」と納得してくれた。未来が見えてきた。

「もしｃａｒｐｅｔｒｏｏｍがうまくいかなかった場合、それは手段が悪いのであって、議論を積み上げた考え方が間違っているわけではない。そこを蒸し返すと、会社が前に進まない。考え方はコロコロ変えてはいけない」。そう言うと、全員がうなずいた。

「考え方と進行方向性はＯＫや。顔が見えたし、方向が見えた」。ついに堀田社長からこの一言を引き出した。帰りの車中で思わずガッツポーズしてしまった。

二〇一一年八月　イメージコラージュを役立てる

ウェブサイトのデザインは、TBSの深夜番組『あらびき団』のアートディレクションをしていたカニカピラの姉川たくさんにお願いすることになった。オリエンテーションをするために、carpetroomの方向性やキーワードなどを整理しなければならない。そこで、イメージコラージュをつくることになった。第1章に登場したHASAMIのブランドマネジャーの馬場匡平くんにも手伝ってもらい、carpetroomの方向性を探っていく。カーペット、ウール、イギリス、ブリティッシュ、高級感、おバカ、音楽、アート、サブカルチャー……つまりオースティン・パワーズ風。……なんとなくイメージが出来てきた。

また、並行してアタックしていたサイクロン式掃除機で有名なダイソンの広報の方と連絡がとれ、協力してくれるという。ダイソンから新型の掃除機を提供してもらい、現場で試すことにした。モーターヘッド搭載タイプの掃除機のなかでは、ダイソンが最も吸引力があるのだそうだ。これは次につながりそうな大いなる進展だ。

続いて、ｃａｒｐｅｔｒｏｏｍのコンテンツの洗い出し。将矢さんのイメージを聞いていくと、カフェのイメージだと。どうやら宿題のオーダーである「コンテンツ」の意味の理解ができていないようだ。さっきから掃除機に夢中で、ずっと説明書を読んでは掃除機を触っている研究熱心な堀田社長はそのままに、コンテンツは仕切りなおすことにした。「コンテンツ」は、「魅せ方」とは異なるものである。デザインや体裁ではない。何をどのようにの「何を」の部分である。

営業ではなく、一般の人が興味関心をもってくれる仕立てを意識して、コンテンツと表現を詰めていく。他社や他業界の人と仕事をする際に注意すべきことがある。相手にとって聞きなれない言葉がでてくると、その意味がピンとこず、今回のように迷走してしまうことが多い。定義をちゃんと示すことで、横道にそれずに前へ進めることができる。

次はトーン&マナー。イメージコラージュを見る。キーワードは「ブリティッシュ」「サブカルチャー」なのだが、どうも爽やかでやわらかすぎる。ｃａｒｐｅｔｒｏｏｍのおバカ感とはかけ離れたイメージコラージュになってしまっていた。こちらも仕切り直して一緒に考えていくことに。「バーボンとスコッチならスコッチ」と堀田社長。「飲むならスコッチやなくて、ブランデーなんやけどね〜（笑）」と大阪ならではの一言も忘れない。「羊はかわいらしいけど、にくたらしいところもあるね」など、とてもセンスのある方なのだ。

そんなこんなでイメージを固めていった。次は姉川さんにオリエンだ。

二〇一一年九月　まずはつながりを確保していく

無事にオリエンも終わり、サイト制作は進みはじめた。コンサルティングの契約は今月までだが、ｃａｒｐｅｔｒｏｏｍ開始までのあと二カ月だけ契約を延長することになった。

ところで、堀田社長が足を引きずっている。なんとアキレス腱を切ってしまったとのこと。ギプスをよく見るとカーペットだ！　カーペットをギプス代わりに巻いている！（笑）なんてカーペット愛に溢れているのだ。以前に怪我をした際も巻いていたという。堀田カーペットの従業員にとっては、たいして珍しい光景ではないようだ。

そのうえ、先頃の台風で和歌山にある工場とコンテナ四台が流されてしまったのだという。けが人はなかったようだが、その復旧作業で堀田カーペットの人たちは手一杯になっていた。

とはいえ、一一月は刻一刻と迫ってくる。気を取り直してミーティング開始。サイトの進捗を確認する。姉川さんからは、どこまで弾けていいのか相談されているとのこと。「コンテンツ」と「表現」について確認する。コンテンツ自体は、ふざけたものでも面白いものでも大丈夫。表現でいくらでも真面目に仕上げるなど、コントロールすることができるからだ。これについては理解してもらえたようだ。

ダイソンとのコラボレーションも進んでいた。お互いにメリットのある関係性をつくることを意識して、まずはつながりを確保していく方針を確認した。その他の営業活動アクションプランを整理する。プレスリリースの作成や幼稚園への声掛け、テレビ局への企画の持ち込みなど、やるべきことその順番を確認していく。

「俺はまだ認めてへん!」

インテリアショップへのアプローチとして、一月と二月に行われる展示会「大日本市」へブースを出すことにした。展示会は受注会なので、バイヤーやプレス関係者が多数来場する。そこへカーペット啓蒙のための宣伝ブースを出すのだ。とはいえ、物が無ければ見てもらえないかもしれないので、目に留めてもらえそうなラグを商材として展示することに決めた。価格は決して安くはないが、なんとか市場価格とかけ離れることなく成立しそうだということがわかり、ラグの開発を急ぐことになった。

また、SNSの活用も重要だということで、ツイッターでcarpetroomのアカウントを取得し、サイトの開設に先駆けてカーペット社長のつぶやきをスタートさせるこ

ツイッターでキャラクターをつくり、カーペット社長のつぶやきを流すことに

とになった。午前〇時になるとカーペット社長が幼女になる設定だ（笑）。将矢さん、頑張れ。

次回がミーティングの最後となるので、一緒に晩御飯を食べることになった。お店へ向かう車中で堀田社長と、ものづくりの分業が崩壊している現状やそのリスクヘッジに関することなど、経営者同士の話が続く。将矢さんに対する期待と愛情、心配ともどかしさなど、父親としての堀田社長の顔が見え隠れした。食事の席では、台風被害に遭った和歌山の工場の話から、堀田社長の趣味であるクルージングの話など、幅広い話題が出た。もちろんコンサルティングの話も。

「中川はんの言うことは、一理も二理もあるけど、俺はまだ認めてへんよ」

ここへきてのキツイ一言。まだ結果がでていないのだから、そう言われても仕方がない。

二〇一一年一二月　インナーブランディングよりも大切なこと

最後のミーティング。carpetroomのサイト開設を待ってからの打ち合わせとなった。ランチを食べながら将矢さんに、このコンサルティング期間で何が変わったのかを尋ねると、営業の仕方や表現を気にするようになったと教えてくれた。確実に何かが変わってきている様子が嬉しかった。

各アクションプランの進捗と、インナーブランディングについての相談があった。インナーブランディングについては大切だが、後回しでいい。幹部には理解してもらえなくても、熱く話をし続ければいいとアドバイスした。さらに採用するときは、つなぎを着ているノリのいい若者を採って欲しいと付け加える。そういう熱い人が入ってきた頃に、インナーブランディングをはじめればいいと。インナーブランディングは価値観へのコミットメントなので、社長が交代してからでもいい。手をつけるタイミングを間違わないことだ。

事務所へ戻り、「大日本市」に出展するラグのチェックをする。普通のラグでは印象に残らないかもしれないので、ちょっとそこらのラグとは違うぞ、というものにしなければならない。carpetroomとの整合性も必要なので、ウェブサイトの背景に使っているアーガイルのパターンをカーペットの柄にすることにした。もちろん理由がある。ウェブを印象付けているアーガイルのパターンと色をラグに採用することで、情報をクロスさせて認識してもらう作戦だ。サイズには黄金比というものがあるそうなので、それを参考にした。色は三色の展開とし、カラフルでインパクトのあるラグに仕上がる予定。

carpetroomのサイトはアーガイル柄がモチーフ。
開発中のラグにもアーガイルを採用することに

このアーガイル柄が決まる過程でも、堀田常務がアーガイルとアーカイブという単語を混乱し、みんなで大爆笑。堀田常務が「絶対覚えへん！」と言い切ったあと、せっせとケータイにメモをしていた姿がさらに笑いを誘う。これが最終回のミーティングなのか？なんとも普段どおりに堀田カーペットらしい、笑いあり脱線ありの二時間だった。

なにはともあれ、大日本市でラグはデビューし、ｃａｒｐｅｔｒｏｏｍをしっかりと育て、啓蒙活動を進めていかなくてはならない。基盤は整った。あとは着実に実行、実践するのみ。あえてこのように決意をして締めくくらなければいけないほどに、普通のミーティングだった。

最後は堀田カーペットの看板の前で将矢さんと一緒に写真を撮った。実は将矢さんは最終回だけ、「楽しかった」と言わなかったのである。これまでは毎回、「今日も楽しかったです」と言っていた。これが将矢さんの成長であり、責任感の芽生えが本案件の一番の成果だったのかもしれない。今回の顔つきは、明らかに違っていた。

コンサルティングを終えて

後日談だが、大日本市でｃａｒｐｅｔｒｏｏｍのブースは異彩を放っていた。最初は怪訝そうに説明を聞いていたバイヤー達も、初めて知るカーペットの情報に衝撃を受けていた。たった一回の展示会ではカーペットの受注は増えないかもしれないが、正しい情報はきっと伝わっていくに違いない。少なくとも正しい情報と選択肢が消費者に与えられることは、つくり手にとっても消費者にとっても幸せなことである。一所懸命に説明する将矢さんと、興味深く聞いているバイヤーの方々の姿を見て手ごたえを感じた。

家族で支えあいながら技術を守っているものづくり企業。だが、今までと同じやり方では通用しなくなっているのも事実で、ちょっとした考え方の違いに気づくかどうか、受け入れられるかどうかで未来が大きく変わる。

そして、情報が溢れているにもかかわらず、消費者に正しく伝わっていない例がここにあった。正しく伝えるというブランディングが必要とされる理由はそこにあるのだ。これから先、カーペット愛に溢れまくっている堀田カーペットが運営するｃａｒｐｅｔｒｏｏｍが、正しい情報で人々を啓蒙し、数年先には世の中でカーペットが当たり前になっているという未来を期待している。

第5章
新潟発・蓑ポンチョで日本製ニットの復活を目指す

有限会社サイフク（新潟県五泉市）

創業●一九六三年
代表者●斉藤千佳子
従業員数●九五名
売上高●七億円（ピーク時一五億円）
事業内容●レディスニットセーターの製造
背景●新潟県五泉市は日本一のニットの産地。サイフクはレディスニットを専門に製造している。本社ビルと自社工場をもち、五泉のなかでは規模の大

＊数字はコンサルティング開始当時のもの

きな製造メーカーといえる。現社長で三代目。新潟のほかに、富山、山形、福島などが主なニット産地として挙げられるが、日本市場に出回るニットの多くは外国製だ。安価で大量にもち込まれる中国産の商品に押され、今では日本製のニットに出会う方が難しいといわれている。

二〇一一年九月　漠然とした不安感のなかで

先細りする業界に危機感をいだいた常務の斉藤佳奈子さんから中川政七商店に問い合わせをいただいたのは、二〇一一年の五月頃だった。『ブランドのはじめかた』を読んで共感してくださったのだという。新ブランド設立にむけてのコンサルティングの依頼をいただく。ただ、当時はコンサルティングの案件が立て込んでいたため、秋まで待っていただくという条件で依頼をお受けする。

その後、私と山田遊さん（ｍｅｔｈｏｄ）、丸若裕俊さん（丸若屋）、高橋俊宏さん（ディスカバー・ジャパン）によるコンサルユニット「シンケン」が誕生し、シンケンが手がける初の案件としてサイフクのコンサルティングに取り組むことになった。

コンサルティングの４つのフェイズ

サイフク経営陣とシンケンの総勢八名の初顔合わせは、新潟のサイフク本社で行われた。

依頼主の佳奈子さんの第一印象は、自己主張が明確でものおじしないタイプ。専務である弟の智之さんは、繊細さが見え隠れするまじめな長男タイプ。そして二人の母親で社長の千佳子さんは、おっとりとしたなかにも北国の女性らしい芯の強さを感じさせる。前社長だったご主人が亡くなってからは、千佳子さんを中心に三人でサイフクを経営してきたという。

それぞれの自己紹介を終え、今回のコンサルティングは、中川＝経営、山田さん＝バイヤー／店づくりのお手伝い、丸若さん＝ものづくり、高橋さん＝メディアというそれぞれの得意分野を合算させて取り組みたいということ、今回はシンケンとして取り組む初めての案件になるが、サイフクにとってはお得なトライアルだと思うので、まずは流れにそって一緒にやりましょうという話をする。

自分を知る、相手を知る　現状分析

五泉には、最盛時（一九九一年頃）には九五社ほどのニッター（ニットメーカー）があったが、現在は三〇社ほどにまで減少している。廃業が相次ぐなか、サイフクは先代が掲げた「高級商品ではなく、消費者が手に取りやすい中級ゾーンを狙う」という戦略により、競争力を維持してきた。外注をほぼ使わないため社内生産率が高く、品質・納期の管理がしやすいというのも強みだろう。だが、生き残ったニッターがどこも横並びとなってしまった今では、サイフクならではの技術、商品、強みというものが特に見当たらないのも事実である。

それを裏付けるように、決算報告書を見ると、大きな借金もなく、前期の売上は七億円を超えている。ぱっと見は優良企業だが、五期分をさかのぼると十億円あった売上が七億円まで落ち込み、かつ、ここ数年は得意先の変動も激しいという傾向が読み取れた。

その点を指摘すると、「確かに、少数のアパレルメーカーと安定的に取引するというやり方は崩壊しつつあります」という答えが返ってきた。その大きな原因は、不況にあえぐアパレルメーカーが展示会を減らしたことにより、受注のポイントが減少し、以前は受けなかった小ロットでも受注せざるを得なくなったためだ。結果、様々なクライアントからもち込まれる小ロットの製品をつくり続けるというサイクルが生まれている。

クライアントを連れてくる繊維の専門商社でさえも、国内に比べて海外では約五〜一〇倍のマージンがとれるため、海外生産の方がうまみが大きいというのが実情だ。商社を頼ってみたところで、未来には何の保証もない。

致命的な何かがあるわけではないが、このままで本当にいいのだろうか……という漠然とした不安が今回の依頼にも結びついているのだろう。

どう戦う？　強みの選定

では、そういった現状を踏まえて、どう戦っていくのか。その話に入る前に、確認しておかなくてはいけないことがあった。

実はサイフクでは、ニットの新ブランド設立とは別に、まったくの新事業としてレストランの開設が同時進行していた。事前に説明を受けていたものの、本当に大丈夫なのかという感は否めない。

「何でレストランなの？」

「一年ぐらいずっと考えてたどり着いた結果、自社に主導権がないOEM生産とはまったく違う異業種にチャレンジしてみたいんです。ニット産業の低迷と共に沈んでいる五泉に、

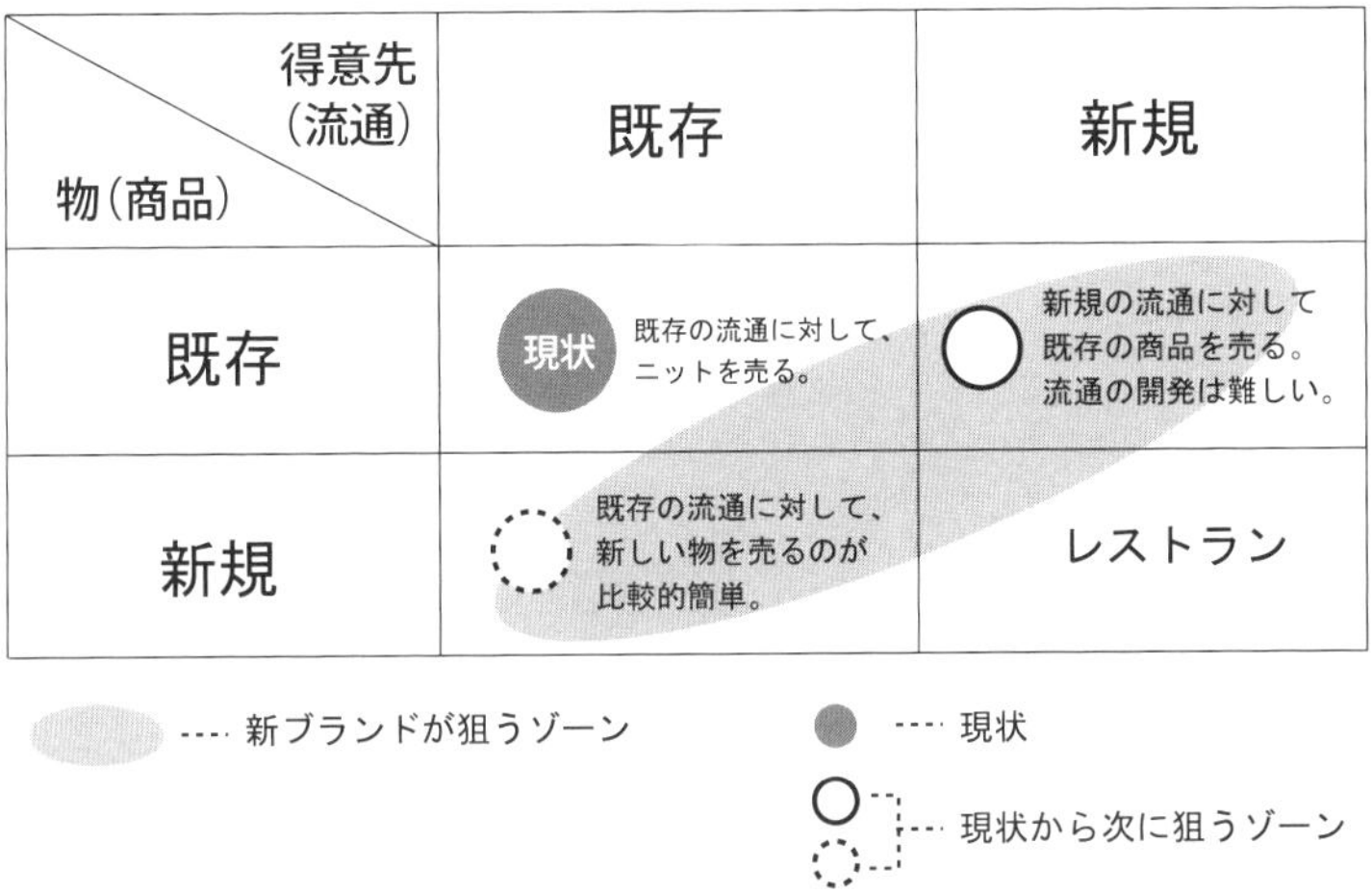

得意先（流通）＼物（商品）	既存	新規
既存	現状：既存の流通に対して、ニットを売る。	○ 新規の流通に対して既存の商品を売る。流通の開発は難しい。
新規	○（点線）既存の流通に対して、新しい物を売るのが比較的簡単。	レストラン

『にぎわい』をつくりたい。どうしても挑戦してみたいんです」

「うーん。前にも言いましたが、基本的にはレストラン事業に気が進まないです。理由は、まずは今あるものを活かしつくすこと。その先にしか、ゼロからの新規事業は成り立たない。簡単に言うと、サイフクの商売のやり方は四つでしかありえないと思っています」

上の図を参照してほしい。新しい自社ブランドは、二つのゾーンを狙うというのが今のところの考え方だ。アパレルにも売れて、新規の流通である雑貨店も開拓できるものにする。それを自前のリスクでやっていく。雑貨の新ブランドは、初年度一〇〇〇万円売れれば大成功という世界。現状ある七億円の既存分に匹敵するものをつくるのは、結構大変なのだ。もちろん将来的にそうなればいいが、まずは新ブランドができることによって既存の商売にプラスイメージが生まれて、結果としてOEMも増えること。それも、ダブルネームのような形でならなおよい。その波及効果を狙うべきである。

そのために一番大事なことは、アイテムの一点突破だ。何故かというと、サイフクでしかできないという技術はそうない。たとえそれがあったところで、技術だけをアピールしても世間には絶対届かない。技術がアイテムに表現されて、初めて世の中に広がっていく。これを実現させるのも相当大変で、命がけでやるぐらいの覚悟がないと難しい。だから掛け持ちはおすすめしない。でも、レストランをどうしてもやるというなら、これ以上の手出しも口出しもしません。

佳奈子さんにはそう伝えた。厳しいようだがこちらも本気で取り組むのだ、責任の取れないことにクビをつっこむべきではないのだろう。

曖昧だった事柄にいったんの決着がついたので、ここで全員揃って工場見学に。ニットの編み機が並ぶ工場を歩きながら、ニット製品が出来るまでの流れを説明していただく。

かなり多くの方が働いているのだが、私語も聞こえず黙々と作業をこなしている。まじめで実直な社風なのだろうと想像する。

どう戦う？ 商品開発

現状の分析と工場見学を経て、一同がテーブルに着き、さて、では何をつくるかというフェイズに進む。

キラーアイテムが、三〇分そこそこの話合いで出るはずがない。まずは、あまり気負わず気になったことを順番にラフに挙げていく。

・ニットには女性的なあたたかさ、やわらかさを感じる
・手入れが面倒というイメージがある
・技術に活路は見出せない気がする
・販売先が雑貨屋というのは間違っていない
・服でなくていい、ひざかけやクッションカバーなどでもいいのではないか

様々な意見が飛びかうなか、丸若さんの「ニットって冬のイメージをもちがちだけど、

実は春と夏のあいだ、秋と冬のあいだ、起きると寝るのあいだというように、何かと何かのすきま、あいだがキーワードじゃないですかね」という発言に焦点が絞られてゆく。

「あいだで言うなら『ファッションと雑貨のあいだ』はポイントとして熱いけど、『○○といえば！』というトップブランドが決まってないアイテムも多いよね」

私がそういうと、メモに目を落としていた山田さんが「ポンチョブランドって、日本でまだ聞いたことないですよね？」と、ひとつのアイテムを口にした。

それを聞いて何かをひらめいた様子の高橋さんが、「ポンチョ。「ポンチョ」って日本で言えば『蓑』ですよね。昔の東北地方の蓑ってすごくカラフルでかっこいいんですよ」と、最近の取材で手に入れたという、岩手県に伝わる鮮やかで質実な刺繍が施された蓑の写真を見せてくれた。

東北地方に伝わる蓑。鮮やかな刺繍が施されている
Discover Japan 2011年6月号　Photo: Satoshi Nagare

ファッションと雑貨のあいだでもあり、トップブランドが存在していないアイテム。かつ、流行ではあるがスタンダード

になりつつあり、一過性のブームではない。新潟→雪国→蓑→現代の蓑→ポンチョ。新潟という雪国でつくる意味にも通じそうだ。しかもm・i・n・o（みの）という言葉の音、つづりもかわいい。

ポンチョブランドはあり！　一点突破の匂いがする。全員の頭の中に雪の白に映えるカラフルなポンチョのイメージが出来上がった。いけそうな気配に全員少し高揚していたが、まぁ落ち着こう、資料を集めて、深く検討しましょうということで、第一回目のミーティングは終了した。

帰りの車中、山田さんと「本当はもっとサイフクさんが考える時間が必要だったな」という反省をした。ご神託を下すのがコンサルティングではない。共につくり上げて、コンサルティングが抜けた後も自分達だけでやっていける状態をつくることが、私たちの仕事である。

二〇一一年一〇月　アイテムの立ち位置を確認する

第二回ミーティング。前回は急展開でアイテムが決まったので、今回は新ブランドについて内容を掘り下げることにした。

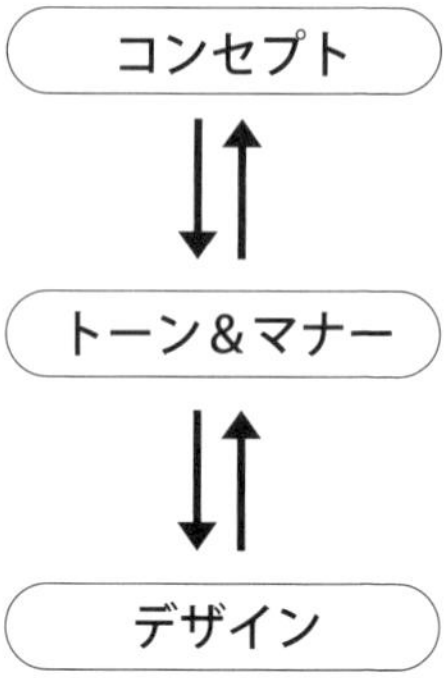

コンセプト、トーン＆マナー、デザインの関係

メーカーが新ブランドを設立する際に陥りがちな失敗は、コンセプトやトーン＆マナーをすっ飛ばして、すぐにつくり始めてしまうこと。今回はデザイン（ポンチョ）が出ているので、コンセプトやアイテムそのものを掘り下げていくことにする。

まずは全員がもち寄った資料を基に、蓑についての理解を深める。佳奈子さんは新潟各地の博物館、民芸館、図書館を回り、多くの資料を集めてくれていた。

雪国で使われる防水、防寒を目的とした外衣は蓑の他にも、ケラ、ねんねこ、かくまき、赤ゲットなど様々なものが存在するが、そのほとんどが編みこんだ藁や布を肩から羽織るか、巻きつけるかするもので、構造がシンプルで分かりやすい。

また、ハレの日に使うものには、そのシンプルな形の襟元だけにとても鮮やかな装飾がされているものもある。雪の季節が長い東北では、家に閉じ込められる期間、装飾性を高める時間が十分にあったに違いない。

一方、イギリス・アイルランド地方を発祥とするニットは、防水性や保温性に優れ、こちらもシンプルな衣服に見えながら縄編みのデザイン性、施された模様の複雑さには目を見張るものがある。また日本の家紋のように、その家々でオリジナルの手編みデザインが存在し、模様には意味があり、お守りのような役目をもつことも分かった。

どちらも豊かな地域性とストーリーがあり、アイデアソースは確実に広がった。だがそれだけに気をつけないと、どんなものをつくりたかったのか、だんだん漠然としていきそうだ。

ここでいったんイメージの共有を図る。

・アイデアソースは蓑に求めるか？　それともニットの編地に求めるか？　→　それは蓑でしょう。

・形はどうする？　→　定型は二、三型。極力シンプルに分かりやすく。複雑な機能はつけない。

・色はどうする？　→　まずは編地と単色カラーのイメージ。柄はその後。

戦う場所の設定

他にも、「フリースより一歩タウンユースに」というアイテムの立ち位置も確認し、それに伴い、どこで戦うかという売場の設定も行った。雑貨屋だけではなく、アパレルのバイヤーにも選ばれるというのが最終目標だが、そこで勝負するとなるとファッションの世界なのでシーズンごとの柄勝負になってしまう。それを避けるためには、どこかセレクトショップ一カ所を狙ってもち込み、オリジナルのまま展開してもらうという作戦を立てる。単純なことではあるが、このイメージの共有はかなり重要である。特にかかわる人数が多いプロジェクトの場合、ひとつの言葉で同じものを想像しているとは限らない。確認しながら統一することで、ブレを最小限に留めることが出来る。

二〇一一年一一月　コンセプトを決めたら簡単にはブレない

新潟本社にてミーティング。今回はファーストサンプルに向けて、現実的に形（パターン）を絞り込むことがテーマ。サイフクの集めた様々なブランドのポンチョやケープのサンプルを実際に着たり触ったりしながら、基本となる形を考えてゆく。

前回の打ち合わせ時に基本形は二、三型。デザインはシンプルで分かりやすいことが決定しているので、直線で表現できるレベルのパターンを考える。そして、それをもとに紙

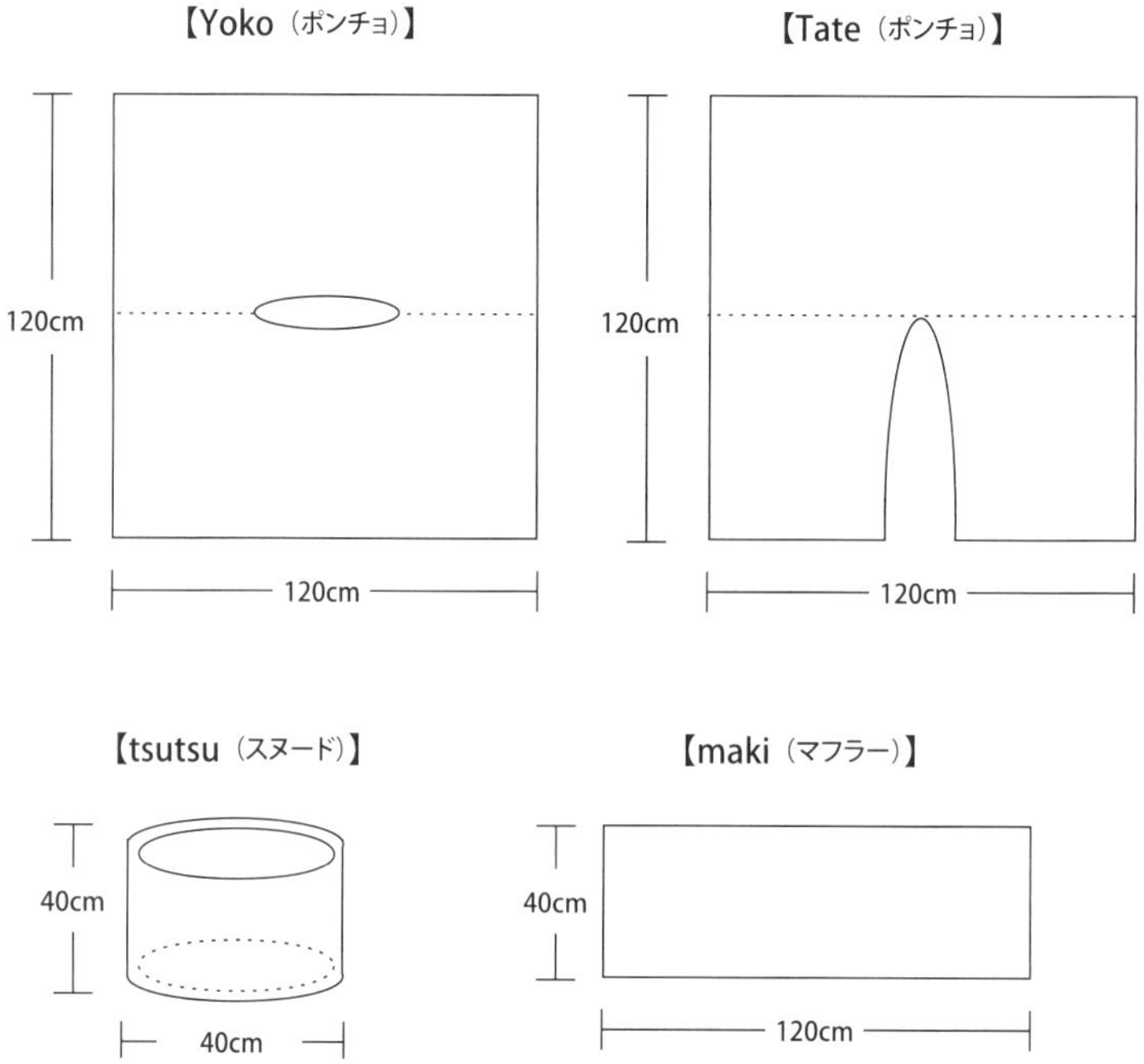

「シンプル」というコンセプトをもとに、基本のアイテムは４型に決まる

を切ってみたり、実際に生地で即興のサンプルをつくったりしてベストな形を探ってゆく。

　二時間後、ポンチョはかぶるタイプの「ｙｏｋｏ」、羽織るタイプの「ｔａｔｅ」の二型と、スヌードの「ｔｓｕｔｓｕ」、マフラーの「ｍａｋｉ」で計四型と、「ｔｏｍｅ」という留め具（ブローチ）という基本構成が決定した。素材も六種の候補からウール一〇〇％とアルパカ混の二種類に絞られ、それぞれの素材に対して各五色のカラーを選定した。

ここで注目して欲しいのは、型と共に商品名がすでに決定していることだ。型を絞り込みながらラフに決定したこの商品名は、実際に最終まで変更されることはなかった。組み立てさえしっかりしていれば、ネーミングも自ずと導かれるものなのだ。時間をかければいいものが浮かぶ、というものでもない。

もう一点、今回のミーティングで顕著だったのは、サイフク側はシンケンに比べ技術と経験があるので、「複雑なパターンもできますよ（技術的に可能ですよ）」という方向に向かいがちだということだ。機械も技術もあるから、こんなこともあんなこともできると考える。そしてそれが商品のブレを生み、どこにでもありそうなものがどんどん出来ては埋もれていくのだ。そこから抜け出せないメーカーが、日本中にあふれているに違いない。

商品のコンセプトを明確にして、決めたら簡単にはブレない。単純だがこれに尽きる。また、この段階で実際に既存のサンプルを集めることが重要である。求めている形でなくても商品を見て、着て、触っているうちにイメージが絞り込まれる。紙ベースの資料を眺めているだけでは無理だ。紙ベースで一回、既存サンプルで一回、次はファーストサンプル。このくらいのスピードがベストではないか。

二〇一一年一二月　ファーストサンプル完成

まずは、ライトグレーとグレーで二素材×四型のサンプルが出来上がった。今回はそれを実際に着用し、丈の長さ、素材感、見え方などを検討する。ｔａｔｅの長辺をおしりが隠れるサイズにしたいということで三〇センチ伸ばし、ｔｓｕｔｓｕを二重巻きに対応するため、四〇センチから六〇センチに変更した。

それ以外の大きな変更点は、マフラータイプの「ｍａｋｉ」をラインからはずしたことだ。理由は単純に、サンプルを見た全員が「これ、いる？」という気持ちになったからだ。八人がいらないと感じたものが売れる可能性は極めて低い。何の裏づけがあるわけでもないが、そういった感覚は案外当たっているように思う。

店頭での見え方をイメージする

実際のサンプルを手にして、出荷やパッケージ、ディスプレイの検討も始まった。素材によって程度の差はあるものの、ｔａｔｅもｙｏｋｏもそれなりの嵩《かさ》があるので、店頭で扱いにくいというイメージをもたれては致命傷にもなり得る。たたんだときにどの

持ち運びとディスプレイの両面から考えてパッケージを工夫する

ような形状がベストか、ショップの標準的なラックに納まるサイズか、そもそもハンガーにかかるのか、店舗でのベストな見せ方はトルソーか？　吊りか？　平置きか？

ここでは、私と山田さん、丸若さんのそれぞれの経験をもとに、様々な角度からアイデアを出し、詰めていった。

パッケージのイメージは、その場にあった適当な素材を使って即席でつくった。このアイデアも実際に採用され、好評を得ている。実際、自社店舗をもたず販売の経験もないメーカーが、自社ブランドで初めて商品をつくるとき、流通先でのディスプレイまで気を配るだろうか？　そこに気が付くかどうかは、大きな分かれ道になるのではないかと思う。

価格の決定

使用する素材が決定したため、商品価格の試算が行われた。糸値、副資材、工賃を製造原価とし、上代を決定する。素材で価格を分けるのか、形状で価格を分けるのか、それともポンチョはすべて価格を合わせるのか、山田さんがバイヤー目線で値ごろ感をアドバイスし、最終的には私と智之さんの協議のもと、ウール一〇〇％、アルパカ混ともにｔａｔｅ一万三〇〇〇円　ｙｏｋｏ一万三〇〇〇円　ｔｓｕｔｓｕは五五〇〇円という価格に決定した。同時に商品品番、取引条件なども検討をはじめる。

サイフクにとってはすべて初めてのことだったが、プロのアドバイスを受けて迅速に決まっていく。サイフクが諸々の検討項目に関する草案をつくると、シンケンもなんらかのレスポンスをすぐに返す。プロの返事があることで、判断が早い。サイフクにとって、このトライアルがラッキーであることは間違いない。

二〇二二年一月　展示会に向けて急ピッチの作業

年が明けて最初のミーティングは、東京の丸若屋事務所で行われた。雪の影響もあり、冬のあいだは全員が集合しやすい東京で集まることになったのだ。丸若さんは、仕事の都合で出張先のパリよりスカイプでの参加。全員が画面の丸若さんに手を振って、朝の挨拶。ミーティングも四回を経て、チームの雰囲気もずいぶんと気心の知れたものになってきた。

前回のミーティング後、二月に行われるファッションとデザインの展示会「ｒｏｏｍｓ」への出展が決定したのだが、それまでに確認や決定をしなければいけない項目が数多くある。この一カ月間は、宅配便とメールでサイフクとシンケンのやりとりがかなり頻繁に行われていた。奈良、新潟、東京と離れているため、セカンドサンプルと糸染めのビーカー（カラーサンプル）の確認、修正指示のスケジュールは一日きざみで組まれたが、それでも二月二一日のｒｏｏｍｓデビューに間に合わせるのはギリギリだった。

カラー指示の難しさ

そのなかで最も苦戦したのが、カラーサンプルだ。この日も三回目のビーカーを確認したのだが、求めている色にはまだまだ遠く感じられた。今思うと、この時期は自分達の中でもシックな色味と鮮やかな色味、どちらがベストなのか迷っていたのかもしれない。ましてや、シンケンサイドはニットのカラー出しについては素人であり、サイフクもカラーチップに合わせて現場に指示をするのは初めて。「暗く」「大人っぽく」などのニュアンスではまったく伝わらず、紙のチップでも難しい。その場に見本となる色が転がっているわけもなく、最終的にｒｏｏｍｓ用サンプルの色指示はサイフクにゆだねることとなった。

時間切れだ。何かを決めるべき局面での主観的で曖昧なやりとりは、出口がなくて時間

mino

雨を防ぐのではなく、太陽のように体をあたためてくれるニット製の蓑。
「太陽」にも「蓑」にも見えるロゴマークに

のムダだということを痛感した。今後の課題が残る。

また、この頃からminoデビューに向けて、もうひとつの大事なミッションが同時進行していた。ロゴやカタログ、ウェブサイトなどのビジュアルデザインだ。年末には山田さんの推薦により、minoのアートディレクターをエディングポストの加藤智啓さんにお願いすることが決まり、年明け早々にはブランドの世界観を見事に表現したロゴが誕生した。ロゴが決定したことにより、プロジェクトの形が見えはじめ、全員のテンションが上がる。

二〇二二年二月　roomsデビューと今後の課題

今回のroomsは東京の科学技術館で行われ、約四〇〇のブランドが出展し、三日間で一万四〇〇〇人もの人を動員した。ｍｉｎｏは最終的にアパレルのバイヤーに選ばれることを目標としていたため、デビューの場所としてｒｏｏｍｓを選んだのだ。三日間で出来るだけ多くの名刺を集めることが目的であり、この日に合わせてブランドデビューのプレスリリースも配信された。

サイフクは経営陣と営業二名が参戦し、立ちっぱなしで営業活動に精を出した。最終的に交換した名刺は約二〇〇枚。多くの人に興味をもっていただき、好意的な評価もいただいた。ただ、ミセス対象のアパレルメーカーからの引き合いが多く、狙っていたセレクトショップのバイヤーとは名刺交換ができていなかった。ｍｉｎｏは決してミセスゾーンだけを狙っているわけではないのに、なぜなのか。

二〇一二年三月　詰めの甘さが大きな壁に

今回のテーマは最終カラーの決定。時間切れによって突っ走ったサンプルを、もう一度全員で確認する。私はスケジュールの都合がつかずｒｏｏｍｓ会場で現物を確認できていなかったため、最終的なカラーの仕上がりがとても気になった。

机の上に並べられた十色のサンプルを見たとたん、「いやいや、これはあかんでしょう」

と思った。机の左右にサンプルを分けていった。右はOK、左がNGだ。最終的に左には五色のサンプルがよけられたのだが、それはｒｏｏｍｓ会場で山田さんが「この色は再考が必要だね」とチェックしていた色とほぼ同じだった。

山田さんからは、「ｒｏｏｍｓの反応がミセス向けだったのは、色がパキッとしてないからだと思う。原色系でやらないとぼんやりした印象になる」との意見。山田さんもｒｏｏｍｓの後で部下のバイヤーからかなり厳しい指摘を受けたようだ。

「このままでは買えません」というプロの意見は耳が痛かったが、受け止めるしかない。最終的に詰め切れていなかったことの弊害が、ここにきて最大の壁となって現れた。

スタイルがシンプルなだけに、色を突き詰めないと全体が崩れる。ベストなカラーサンプルを見つけてしっかりやりましょう、ということで、見本となるサンプルを見つけるため、そのまま街に出ることとなった。

アメリカンアパレル、ベネトン、伊勢丹・新宿店を上から下まで回り、集めたサンプルはニットセーター、ニットタイ、スカート、カットソーなど八種類。アイテムは様々だったが、やっとイメージしていた色が揃った気がした。事務所を出てから六時間、最初から半日かければよかったのかもしれない。そうしたらビーカーを何回短縮できただろう。

見て回ることはすごく勉強になった。今回色が決まればいいという問題ではなく、次回の色決めの精度を上げるのも大事だ。ここに行けばイメージする色があるというベンチマークをつくるのはいい方法だと、智之さんにレクチャーする。

二〇一二年四月　求めていたカラーが仕上がる

前回集めたカラーサンプルをもとに、五回目のビーカーを経てサンプルが完成した。今回はそのチェックがテーマだ。最新のサンプルが卓上に並べられる。前回に比べて彩度が増したことはぱっと見で分かる。口々に「いいいんじゃない」という感想がもれる。アンバーな室内の照明では分かりにくいため、自然光を求めて全員でガレージに出て確認する。自然光の下では、さらに発色の良さを実感できた。全体のバランスも格段に良くなった。一番心配されていたオレンジの色味も完璧だ。さし色として企画されたカラーだが、意外といけるかも、ということで室内に戻り、全員で売上ランキング予想大会。それは記録として残され、いずれ結果発表が行われることになるだろう。

販促費用は経営判断

五回目のミーティングから参加しているデザイナーの加藤さんを中心に、販促物の制作も急ピッチで進められていた。一月にロゴが決定してから、三月には雪の新潟でロケ撮影が行われ、ｒｏｏｍｓデビューと同時にウェブサイトも開設した。

ウェブサイトの他にも、下げ札、織りネーム、パンフレット、カタログ。用意すべきものはたくさんあり、その形態も様々だ。初めてブランドを立ち上げるメーカーにとって、販促（広告）費用というのは頭の痛い問題なのではないだろうか。サイフクも当然相場が分からず、しばしば相談がもち掛けられた。

販促費については、こんな回答をした。

ファッションで勝負するためのモデル撮影。minoが活き活きと見える

「具体的な金額としていくらが適正かという基準などないです。販促費は売上の三％まで、という定説もありますが。どこにお金を使うかこそが、経営判断でもあります」。そして、「ジャッジを下した後の販促物のデザインについては、基本的にプロに任せたほうがいい」と付け加えた。

それを受けたサイフク側のジャッジも速かった。初期の頃に比べ、判断も素早く思い切りのいいものになっている。こういった判断を重ねることによって、だんだんとプロの経営者になっていくのかもしれない。

その思い切りの良さが功を奏して、五月中旬に行われたモデル撮影は素晴らしい結果をもたらした。ファッションの世界で勝負するなら「ルック」は必須だという加藤さんの提案を受け入れ、カメラマン、モデル、スタイリスト、メイクが集められ、完璧なスタジオ撮影が行われたのだ。女性三名、男性一名のモデルで表現されたスタイリング写真は、ｍｉｎｏの可能性を格段に広げた。

二〇二二年六月　もっともっと先を見据えて

スタイリングの撮影を終えてから一週間後には、初出展となる展示会「大日本市」が迫っていた。急ピッチで販促物の制作をこなし、フランスから届いたｔｏｍｅの選別をし、大阪での初日を迎えた。サイフクからは経営陣三名が交代で売場に立ち、積極的に営業を行った。鮮やかな発色のｍｉｎｏは会場でも目を引き、蓑に着想して生まれたという商品背景についても、バイヤーの反応は上々であった。

結局、大阪三日間、東京四日間の展示会開催中、ｍｉｎｏの受注金額は五〇〇万円を超えた。新ブランド一年目で一〇〇〇万円がひとつのハードルであるが、いきなり半分を超えたことになる。カラーが定まった時点で「これはいける」という確信があったので、ある程度予想していた結果ではあったが、やはりメンバー全員ほっとしたのも事実である。

大日本市後初のミーティングは、半年ぶりの新潟で行われた。この頃には追加の発注分が加算され、売上げは一〇〇〇万円に迫る勢いだった。ミーティングは朗らかな雰囲気ではじまったが、メインテーマである春夏商品のブレストがはじまると、すぐに緊張感を取り戻した。ｍｉｎｏが目指すものは、もっともっと先にある。ここで安心してしまってはすぐに足元をすくわれる。ここからが勝負だということは、全員が理解していた。

本書の執筆時点でコンサルティングはまだ続いているのだが、最後にひとつ付け加えておきたいことがある。この日の夕食は、大日本市の打ち上げも兼ね、サイフクが手がけたイタリアンレストラン「５シーズンズキッチン」に招待していただいたのだが、新ブランド設立と同時進行で行われたこの新規事業は、外観、内装、料理、オペレーション、すべてにおいて非常に素晴らしいレベルに達していた。私自身の考え方としては、今でも決して安易な新規事業を推奨するつもりはないのだが、今回のチャレンジに関しては、短期間で出来ることをやり切り、結果を出したサイフクさんの手腕と努力に対して、同じ経営者として心から敬意を表したいと思う。

第2部

ものづくりの会社に必要な考え方

第1部では五つの事例を見てきた。五つの事例はすべて取り扱うものも会社のコンディションも異なる。しかし、やらなければいけないことの大半は共通している。

そもそも中川政七商店は、単なる麻を中心とした一メーカーブランドに過ぎない。その中川政七商店が経営コンサルタントとして他の会社のお手伝いができるのは、扱うものや企業規模・コンディションにかかわらず、やるべきことが同じだからだ。

第2部では、ものづくりの会社に等しく必要な考え方ややり方を①経営、②ブランディング、③ものづくり、④コミュニケーションの四つに分けて解説していく。

第1章 経営編

すべては決算書から始まる

決算書を見ずに何かをはじめるということはあり得ない。医者が十分な問診もせずに薬を処方するようなものである。決算書とは、つまり会社の詳細な状態を把握するためのもの。それを見ずに何か手をうったとしても、行き当たりばったりの施策に過ぎない。たまたま施策がはまって改善することがあるかもしれない。しかし、それを経営とは呼べない。経営とは会社の状況を正確に把握し、必要な施策をしかるべき順番で実行することである。状況把握が正確にできれば、問題の七割は解決したに等しい。

もちろん決算書にすべてが書かれているわけではない。まず、売上を丁寧に分解する。

全体の売上 ↘ 販路（地域）別 → 顧客別
↙ 商品カテゴリ別 → 商品別

どんな分け方でも構わない。逆に言うと、考えられるすべての分け方で分析するのがよい。大きな視点から細部へと見ていく。もちろん売上だけでなく仕入、利益率、回転率などども必要であれば精査する。これを過去五年分くらい同じように分析する。そうすると、どの部分が悪くなっているのか良くなっているのかが把握できる。そんなことあらためて言われなくても、頭に入っているというかもしれない。しかし大体わかっているのと、正確に把握しているのとはまったく違う。商売の世界は学校のテストと違い、答えを出すための必要な情報がすべて揃うということはほぼあり得ない。そんななかで自社が持っている情報というのは、数少ない正確に知ることのできる情報なのである。それを「大体」で済ましてはいけない。（そしてたいていの場合その「大体」は間違っている）。正確に把握して問題を明確にすることが、まず最初の一歩である。

商売の両輪を意識する

商売には、ものを企画する、ものを売るという前輪とそれを支える仕組み（流通、生産管理、業務システムなど）の後輪がある。この両輪はどちらかが欠けたり、大きさのバランスが崩れたりすると会社はうまく回らない。

その昔教えてもらった話がある。とある売上一億円くらいの工場が新素材を開発し、それが大ヒットとなった。売上は五年で四〇億円までになった。しかしその翌年、売上は半減し、その翌年に会社は倒産した。

この話は、まさに前輪と後輪のバランスが崩れて転げてしまった事例である。ヒット商品を生み出すことが商売のすべてではない。前輪と後輪のバランスがとれて商売は初めてうまくいく。多くの経営者は、前輪ばかりに気を取られている。

行政のものづくり支援も、前輪に重きを置いた象徴である。メーカーにデザイナーを派遣してものづくりを支援すると、商品は良くなるかもしれないが、それイコール経営が良くなることではない。私の知る限り、ほとんどの企業が前輪以上に後輪に問題を抱えている。にもかかわらず、そこに対する問題意識は薄い。

新ブランドよりも業務改善

マルヒロの事例でもそうだったが、みんな何かというと新商品、新ブランドをはじめたがる。しかし、新ブランドよりも業務改善の方が、確実に経営の改善に結びつく。新ブランドは開発にお金も時間もかかる。ましてお客さんのあることである以上、うまくいくこともあればうまくいかないこともある。それに対して、業務改善は確実に成果を上げることができる。業務のフローは最適か？　無駄な支出はないか？　コストダウンできることはないか？　ここで得ることができた支出削減は継続する。また一〇〇万円のコストダウンは営業利益一〇％の会社であれば一〇〇〇万円の売上にも匹敵する。

一昔前に三人がかりでやっていたことが、ＩＴの力で一人でできる時代である。そんなことすでに十分にやっているという場合も、もう一度徹底的に、そして継続的に業務改善に取り組んでいただきたい。ちなみにマルヒロの事例では、売上がほぼ倍増しているにもかかわらず人員は六名から二名増えただけである。業務フローの改善、事務所のレイアウト変更、販売管理システムの有効活用が効いている。

自社ブランドか、ＯＥＭか

ＯＥＭ（製品の供給先のブランド名で製造すること）主体のメーカーがよくとる戦略として、自社ブランドを立ち上げるということがある。果たしてＯＥＭは時代不適合で、自社ブランドこそが正しい戦略なのだろうか。

ＯＥＭと自社ブランドに優劣はない。ブランドとして認知されるために「誰に」「何を」伝えなければいけないのか、の違いがあるだけである。

	誰に	何を
OEM	to B	技術
自社ブランド	to C	価値観

例えばバッグワークスの事例。バッグワークスは、ほぼ一〇〇％ＯＥＭ売上の会社である。そこで新ブランドを立ち上げるという戦略をとったが、あくまで売上の主体はＯＥＭであり、ＯＥＭを安定させるための手段としての新ブランドの立ち上げである（なぜ新ブ

ランドがＯＥＭ受注に寄与するかというと、バッグワークスの特殊性にある。バッグワークスに業務用のバッグを発注する人は、バッグの素人である。バッグはあくまで数年に一度発生する付属品に過ぎないからだ。そのため、ウェブで調べてコストに合う、一番信用できそうな発注先を選ぶ。その時にバッグワークスが「しごとのかばん」というコンセプトで一般ユーザー向けのブランドを展開していることは、プラスにはたらく）。

ブランドというのは、何も一般消費者向けのものだけではない。ビジネスの世界でもブランド力というのは当然存在する。まして信用が重要な要素になるビジネスの世界では、一度築き上げられたブランドイメージは、そう簡単には崩れない。その意味では、ブランド力がより発揮されるのは、実はＯＥＭの世界なのかもしれない。

中小企業経営における三種の神器

コンサルティングするときに、必ずつくってもらう「三種の神器」がある。

・グランドデザイン
・中期経営計画書
・年間スケジュール

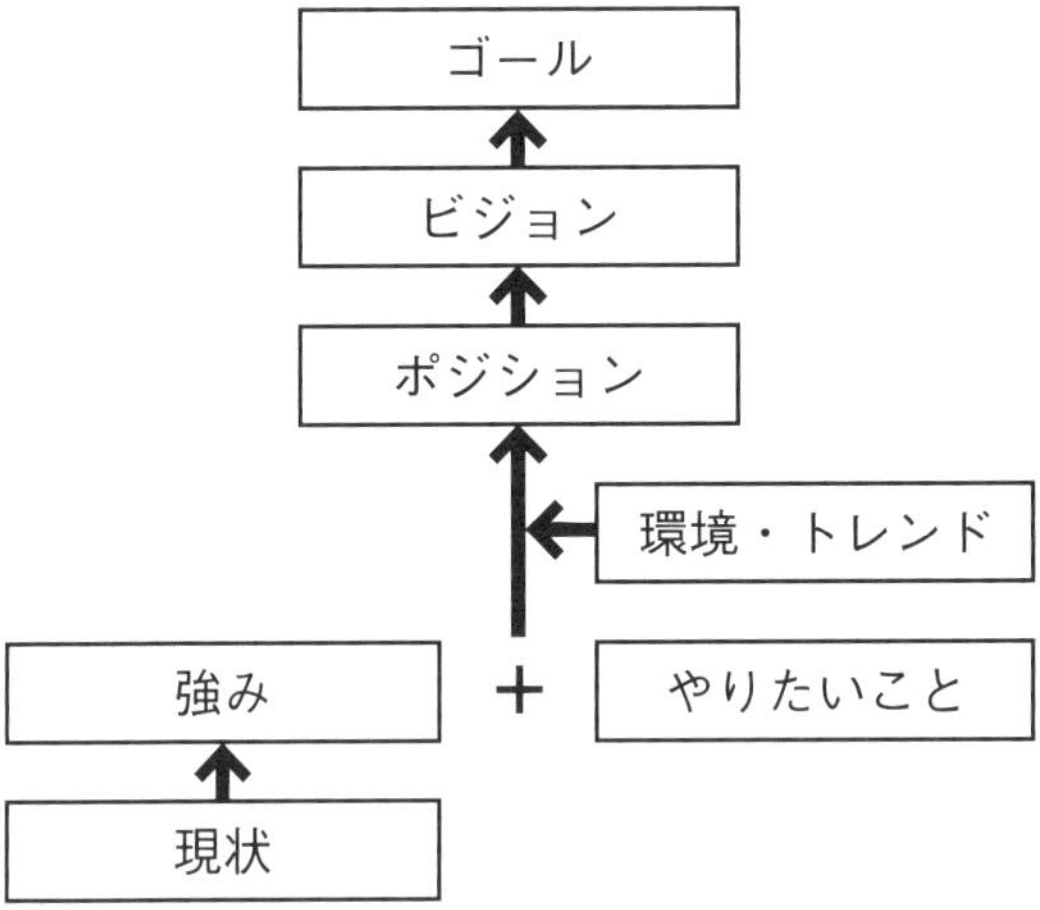

グランドデザイン

グランドデザインは長期的な航海図ともいえるもので、会社の進むべき道を示したものである。現状認識から始まりビジョンを定めてより具体的な「ゴール」を描くことで、会社全員でビジョンとそこに向かう「熱」を共有することができる。

中期経営計画書は、ビジョン達成に向けた三〜五年の行動計画である。会社全体の戦略から各部署単位、各ブランド単位の戦術を、行動レベルにまで落とし込む。予算策定などもここに含まれる。これによって、各部署が行っている施策がどこにつながっているのかがわかる。目の前の予算達成がすべてではなく、その予算達成が何につ* ながっているか、なぜ必要なのかを全スタッフが理解できる。中川政七商店では、中期経営計画書を毎年更新して決算終了後に全スタッフに説明をしている。また、中期経営計画書の策定には幹部社員も関わり「中計合宿」が行われることもある。

中期経営計画書の目次
・ビジョン
・戦略（会社全体・ブランド別）
・目標設定（ミッション、予算）
・戦術（各部門別の具体的な取り組み）

年間スケジュールとは、一年間のカレンダーに全部署の動きを書き込んだものである。なぜこれが重要なのかは後述する。

ビジョンがすべて

会社にとって最も重要なのは、ビジョンである。ビジョンのない会社は存在意義がない。

グランドデザインシートをつくるのも、ビジョンを定めるためである。

ビジョンは単なるきれい事ではいけない。もちろんビジョンには社会性が必須であるが、会社のすべての活動がビジョンにつながっていなくてはならない。会社のすべての資源がビジョン達成のために活用されなくてはいけない。例えば、「私たちは地球環境に配慮し、子供たちに明るい未来を届けます」というビジョンがあったとする。確かに内容はすばらしい、百人いれば百人が良いことだと思うだろう。しかし、その企業の主たる活動が本当にビジョンにまっすぐに向かっているかというと、そうでないことが多い。ビジョンが単なるCSRと化してしまっている。そうした「張りぼてのビジョン」は今の時代通用しない。企業がビジョン達成に向けて真摯に取り組んでいるかどうかは、すぐに見透かされる。

経営者が本当にやりたいことを掘り下げることで、ビジョンは見えてくる。自分たちがどうなりたいか（will）、自分たちに何ができるか（can）、自分たちは何をすべきか（must）。この三つが重なり合う部分こそがビジョンになり得る。経営者が腹に落ちて、熱を持って語れる。だから社員もそこにコミットできる。それが本当のビジョンである。

向かうべきビジョンが見つかると、会社は強くなる。

ゴールを描く

ビジョンは往々にして堅い言葉になってしまう。そのため、なかなか社員に理解されない。頭では理解できても、そこにコミットできない。そんなときに有効なのが「ゴール」を描くことである。ゴールとは、ビジョンが達成されたら起こるであろう現実の一場面のことである。具体的なイメージを描き共有することで、社員の理解が深まりコミットメントも強くなる。

ゴールを描くことで、逆に見えてくることもある。例えば、とあるお菓子メーカーでの話。そのメーカーには、圧倒的な知名度を誇るお菓子がひとつあった。一昔前に関西でテレビCMをやっていたので、関西在住で三〇歳以上の人であれば、たいていそのお菓子のCMのフレーズを歌えるくらい。しかし現状は値下げ競争に巻き込まれ、社内外で単なる一商品扱いになってしまっていた。そこで、この商品のリブランディングを提案してみた。アイデアレベルの話だったが、「ゴール」を「渋谷のスクランブル交差点ですれ違った女子高生が、そのフレーズを口ずさんでいるのを偶然に聞く」ことにするのはどうか、と。するとメーカーの方は、「それいいね！」とぐっとテンションが上がった。顔合わせ的な打ち合わせで先にゴールを軽く話しただけだが、この食いつき。その意味するところは、関西限定から抜け出したい、そして若い世代にも知って欲しいという潜在的な欲求に響いたからである。このように、ビジョンを考えるなかでゴールを明確に描くことが、逆にビジョンをクリアにすることもある。そしてなにより、ゴールを描くことでビジョンの真意がわかりやすくなり、みんなのテンションが上がる。

戦術の失敗を戦略の失敗と捉えない

商売は相手のあることでもあるし、世の時勢もあるため、どれだけ正しい戦略を立てたとしても、必ずしも成功するとは限らない。しかし結果が出ないからといって、戦略そのものを否定するのは早計である。単に戦略を実現するための戦術がまずかっただけかもしれない。理屈は正しいがうまくいかない。そんなことは日常茶飯事である。考え抜いて理論的に積み上げた戦略を疑ってはいけない。

堀田カーペットの事例でも衝撃的なことがあった。二回目の打ち合わせで、一般消費者にカーペットの良さを理解してもらうという大きな方向性（戦略）は決まった。三回目の打ち合わせに向けた宿題として、それを実現するための具体的な案（戦術）を考えることになった。しかし、三回目の打ち合わせの冒頭、堀田社長から戦略自体がまずいのではないかという話が出た。想像するに、いい戦術がなかなか思い浮かばなかったのだと思う。だからといって戦略を見直すということはあり得ない。戦略の下に戦術があるのである。

笑い事ではない。同じようなことが多くの会社で起きている。戦略が正しければ、粘り強くやっていくことで、いずれ必ず成果が出る。しかし、そこで戦略を変えてしまえば永遠に成果は生まれない。

私は、年一回の中期経営計画書の策定時以外は、戦略の見直しは行わない。そのタイミングで考え抜いた戦略を簡単には変えたり疑ったりしない。普段は目の前にある現実だけを見て、決めた戦略に沿って、いかにしてそれを実現するかの戦術だけを考え実行している。戦略を練るのは年一回。そこでとことん考え抜く。そうしたらあとはやるだけ。失敗しても、二の手三の手を考える。

年間スケジュールを守ることの重要性

商売は毎年毎年、永遠に続く。一人の人間の思いつきだけで永遠にうまく回り続けるなんてことはありえない。アウトプットの精度を上げ続けるためには、「正しいインプット」

と「積み上げ」が鍵になる。正しいインプットのためには年間スケジュールをきちんと守ることが重要になってくる。

例えば、もし毎年新商品の発売時期が違ったら、正しいインプットはできない。去年は三月発売で、六月までの売上が一〇〇個。今年は五月発売で六月までの売上が六〇個。果たして去年の商品と今年の商品では、どちらがよく売れたと判断すれば良いのか？　その判断ができないと、来年どこをどう改良すればいいのか分からない。それでは積み上げができない。

しかし、こんな当たり前のことができていない。タダフサは新商品の開発時期が決まっておらず、暇になったら新商品をつくっていた。またマルヒロは、新商品の開発は年一回だった。そのため直前に商品企画の負荷が一気に高くなり、結果として新商品のリリース時期が毎年予定通りにいかず、ずれていた。

無理のない、適切な年間スケジュールを策定して、毎年必ずきちんと守る。そうすれば正しい情報がインプットされ、積み上げができる。結果、アウトプットの精度があがる。

借金は返すもの

中川政七商店もそうだったが、借金を返す当てのない、あるいは返す気のない会社は世の中にいっぱいある。当たり前のことだが、借金は全部返すべきものである。

大きな投資をするときには長期で借入をして、徐々に返していく。成長期には運転資金を短期で借りることもあるかもしれないが、安定期に入れば本来返せるはずである。

しかし、高度成長期を生きてきた前時代の経営者の方のなかには、借金は信用の証とか男の甲斐性だとして、借金を返す算段を立てない人がいる。その結果、売上の何倍もの借金を抱えている企業をかなり高い頻度で目にする。そういう会社には、ビジョンだ何だという前に、まずこの異常な借金をできるだけ早く返しましょうという話をする。武士は食わねど高楊枝という言葉はあるが、食えない会社に社会貢献もなにもない。まず自分たちの足で歩けるようになること。その先にビジョンや社会貢献はある。行政の補助金なしに生きていけない会社も同じである。

共感の時代

ものがこれだけあふれている今、消費者はどうやってものを買うのか？　戦後のもののない時代は、百貨店の包装紙が喜ばれたのが象徴であるように、「安心」が購買動機の大きな要因であった。その後、製品の品質が安定すると「憧れ」の時代となる。スーパーブランドにカリスマ店員。みんな身の丈以上のものに憧れた。そして現代は、「共感」の時代であると感じる。必要不可欠なものは一通り持っている。環境に配慮し、無駄にものを消費したくない。それを超えて消費者がものを買うのは、そのものだけでなく、その背景にあるストーリーや考え方に共感しているからである。逆にそこに共感できなければ、もの自体がいくら魅力的でも買ってはもらえない。

知的財産権

アップル社の中国での商標訴訟など、最近なにかと話題の知的財産権。中小企業には法務部なんてものはほとんどないので、最低限の知識をきちんと身につけ、法律の専門家（弁護士・弁理士）と連携してきちんと取り組まなければいけない問題である。中川政七商店ではごく最近まで、ブランド名すら商標登録をしていなかった。* なぜなら商標登録にはお金がそれなりにかかるから。ブランド名だけでなく商品名まで考え出すと、とてもではないがお金が追いつかない。それに万が一、同じような商品群類で「遊 中川」の商標を取得する企業が現れて仮に訴えられたとしても、先使用を証明して訴えを退けることは十分に可能である。それよりも、逆にすでに商標登録されていることを知らずに使ってしまうことの方が恐いので、商品企画のメンバーには商標登録を調べるように注意を促している。

商標以外にも、デザインが似ているなど意匠に関わる問題も多いが、ファッションや雑貨の世界ではまったくのコピー品でもない限り、法的に問題になることはほとんどない。社内で「○×のポーチがうちのとまったく一緒！」などという声をたまに聞くが、まねされているうちが花、気にするだけ時間の無駄といつも言っている。ポーチやトートバッグで世の中に似てない商品がないなんてことはあり得ない。それに、お客さんは利口なので、コピーばかりしているブランドとそうでないブランドの区別くらいできる。コピーブランドに共感は生まれない。

*最近、お守り代わりですよというアドバイスに従って、やっとブランド名はすべて商標登録した。お守りにしては高いと思うが。

経営者の頭の中を形にした業務システム

パソコンが苦手であることを理由に、業務システムを担当者任せにする経営者がいる。業務システムは、経営者の頭の中を形にしたものでなくてはならない。例えば、どういう視点で売上を見ているのか。分析の仕方は理論上いくつもあるだろうが、経営者が見たい視点というのはある程度絞られる。その分析視点をシステムに持ち込まないと、本当に役に立つシステムにはならない。

また、業務システムは後輪の中核をなすものであり、この部分のできが悪いとどれだけ商品が売れても利益や未来につながらない。マルヒロの事例でもあったように、いざ分析しようにも商品の品番体系が分析に則したものになっていなかったため、すぐに数字は見えなかった。多くの時間をかければ必要なデータは揃うかもしれないが、それでは遅いし、すぐにやらなくなる。

中川政七商店では、二〇〇七年から二年以上にわたり、既存店での売上が対前年比を上回ることが続いた。その時にいろんな人から、「何が売れているのですか?」と聞かれたが、商品は大きな要因ではなかった。二〇〇六年に大幅なシステム変更をしたことが大きな要因のひとつであったと思っている。それくらい業務システムというのは大きい。後輪の範疇を超えて、前輪にも影響するものになり得る。

消化率で利益は決まる

利益に直結するのは売上ではない。消化率である。

例えば原価率40％の場合、消化率と利益率は左のようになる。このように、消化率が下がると利益率は加速度的に下がっていく。

消化率	利益率
100%	60%
90%	56%
80%	50%
70%	43%
60%	33%

アパレルの世界では当たり前のことだと思うが、商品がシーズンで完全に入れ替わるということがない業界では、消化率に対する意識が低いと感じる。もちろん、全体の在庫金額や在庫数をきちんとコントロールしておけば問題ないという考え方もある。しかしこのシビアな時代、両面からコントロールしないと利益は出ない。

目標となる予算を

驚くことにこれまでコンサルティングで関わった企業の大半が、予算表をつくっていなかった。最初は面食らったが、二件三件と続くうちに、これが普通なんだと慣れてきた。もちろん予算は必要。なぜ予算が必要かというと、予算は目標だから。目標がなければアクションは生まれない。PDCIのP＝計画。* これさえできていれば仕事ができる人といっても過言ではないくらい。

まず、予算表をつくりましょう。予算を立てれば、それを達成するためにどうすればいいのか頭をひねる。もし予算に届かなければ、さらに頭をひねる。それが大切。流れのままに会社を運営しているのは経営とはいわない。自らの意思で流れを変えてこそ経営といえる。

＊PDCA（P＝計画［plan］、D＝実行［do］、C＝評価［check］、A＝行動［action］）はすべての仕事の基本だが、中川政七商店ではPDCAではなく、PDCIといっている。I＝改善［improve］だ。

第2章 ブランディング編

ブランドとは?

「ブランドとは、差別化され、かつ一定の方向性（＝らしさ）をもったイメージにより、商品、サービスあるいは会社そのものにプラスをもたらすもの」であると私は定義している。ポイントは「差別化」されていることと、「らしさ」をもっていること。

差別化されているとはどういうことか? お客さんが他と違うということを感じられることが差別化である。その差がわずかでお客さんに伝わらないものであれば、それは差別化されているとはいえない。お客さんが違いを認知して、初めて差別化できているといえる。

次に、らしさとは何か？　同じ商品を見てもお客さんの感じ方は様々である。かわいいと感じる人もいれば、きれいと感じる人もいる。ましてメーカー側が考えるらしさが商品を見るだけで伝わるかというと、それはなかなか難しい話である。その前提に立ちながらも、らしさが伝わって初めてブランドと認知される。

かつては高いものがブランドであると誤解されることが多かった。しかし価格帯はブランドの要件ではない。安くてもブランドになり得る。ユニクロもダイソーも立派なブランドである。

ブランドができると何が変わるか

地方でセミナーをやると、ブランドとかカタカナ使ってもっともらしいことを言っているがブランドで何が変わるか、ブランドで商売がうまくいくのか、という意見をいただくことがある。

ブランドが確立されれば、すべてが変わります。

次ページの図を見てほしい。村尾隆介さんの著書『小さな会社のブランド戦略』（ＰＨ

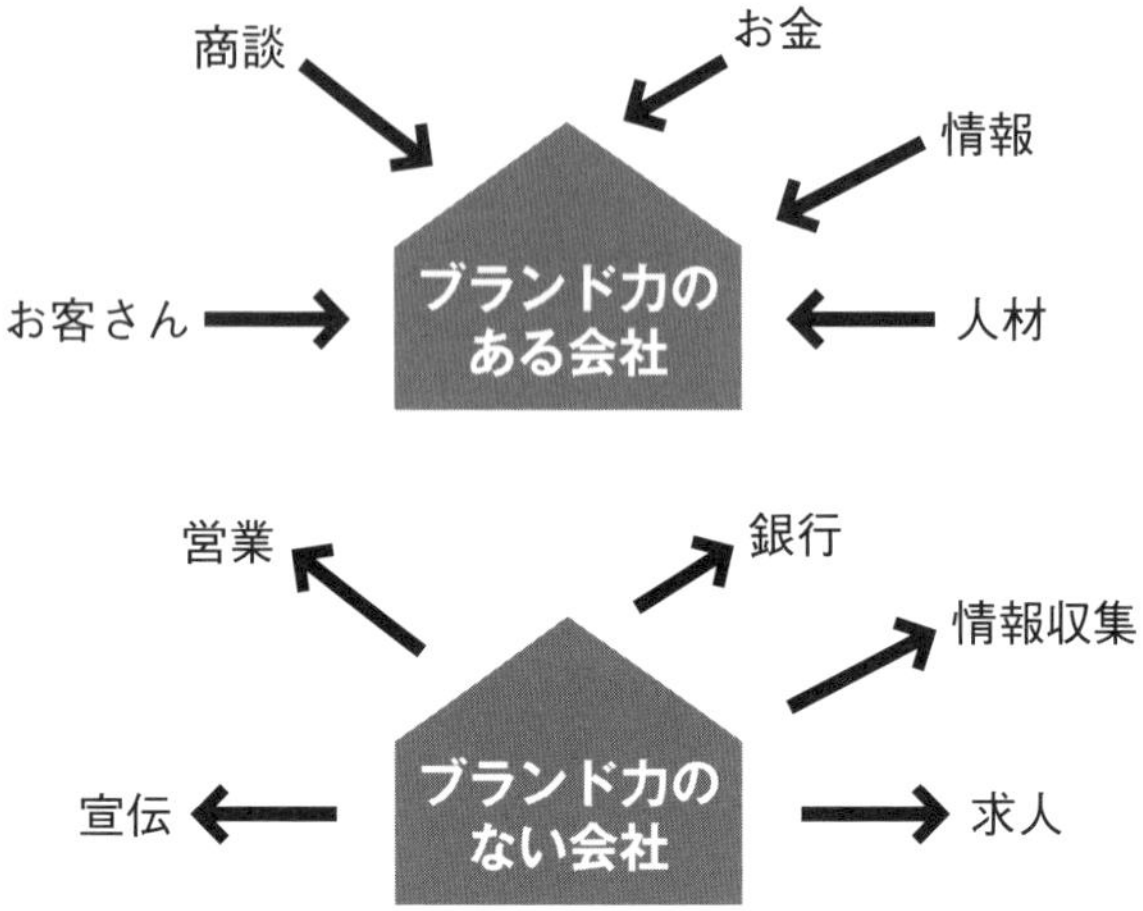

ブランド力のある会社とない会社

P研究所）にも書かれているように、この絵は決して大げさではない。手前味噌ではあるが、中川政七商店での事例をいくつか挙げてみる。

例えば採用。五年前は就職サイトを使って新卒採用をしても、一〇〇人の会場を埋めることができなかった。今では自社のサイトだけであっという間に一五〇人の会場が予約で埋まる。

例えば営業。一〇年前は電話帳をめくって、一件ずつ新規獲得のために電話をかけていた（もちろん一割もうまくいかない）。しかし今では、サイトの窓口に年間三〇〇件を超える新規取引依頼の問い合わせが入ってくる。

例えばものづくり。昔は新規取引先を探

しても、「中川政七商店？　聞いたことないな」となかなか取り合ってもらえなかった。今は電話をすると、喜んでもらえることが増えた。奈良の田舎まで遠方からわざわざ来てもらえることも多い。

　このようにブランド力がつくと良い人が集まり、良いお客さんが集まり、良いパートナーが集まる。

ブランドを形づくるもの

　ブランドイメージはお客さんの頭の中にある。お客さんの頭の中に様々なタッチポイントから情報が流れ込み、ミックスされてブランドに対するイメージが形づくられる。タッチポイントから流れ込む情報は、商品だけではない。お店に行けば、販売員の接客態度、服装、内装、ディスプレイはもちろん、果てはレジ周りの整理整頓まで、お客さんの五感を通してブランドに関連する情報がインプットされる。さらにいえば、お客さんの目に触れる場所だけがすべてではない。「商品から会社が透けて見える」ということを、私は社内のスタッフによく言い聞かせている。理屈からいえば、本社はお客さんの目に触れない部分。しかし本社事務所横の駐車場で、地べたに座ってだらしない格好でお弁当を食べていた社員を、私は厳しく注意した。そういう態度は中川政七商店の社員としてふさわしくないし、商品を通じてお客さんにも伝わってしまうのだと。

マルヒロではこんなことがあった。ＨＡＳＡＭＩの展示会デビューが終わり、いよいよ初出荷が迫る時期に、マルヒロの全スタッフに集まってもらって話をした。商品の梱包や伝票の書き方、入れ方にまで注意を払って欲しい。そういうことも含めてＨＡＳＡＭＩというブランドイメージがつくられていくのだ。ブランドをつくっているのは匡平くんだけではない、ここにいるみんなでひとつのブランドをつくっているのだ、と話をした。

どの会社でもそうだが、新ブランドやリブランディングのプロジェクトは、一部の人しか直接的に関わらないことが多い。すると、直接関わらない人たちはどこか他人事に捉えてしまう傾向がある。しかしブランドは、直接的であるにせよ、間接的であるにせよ、外から見たときに関わっていると思われるすべての人がつくるものである。すべての人がそのブランドを理解し体現しないと、本当の意味でブランドにはなり得ない。

ブランディングとマーケティングは違う

よく「マーケティングがしっかりしているよね」と言われる。正確な言葉の定義はさておき、感覚的に非常に違和感を覚える。私のなかで、ブランディングとマーケティングはまったく違う。

マーケティング＝市場起点
ブランディング＝自分起点

であると私は思っている。まず、市場を分析して、穴（ブルーオーシャン）を探してポジションを取っていく。これがマーケティング。それに対して、まず自分たちが何をやりたいかどんなものをつくりたいかが先に来て、その後で市場における自分たちのポジションを認識するのがブランディングである。やるべきことは結局同じでも、何を起点にするのかが決定的に違う。

中小企業においては、ブランディングの方が方法論として合っている。なぜなら第一に、お金をかけることができないので、高度な市場分析ができない。第二に、それほど大きなポジション（＝売上規模）をとる必要がないからである。ただ「自分のやりたいこと」が、知らず知らずのうちに「儲けること」とイコールになっていってしまう。それでは本末転倒で、ブランディングのつもりがマーケティングになってしまっているので気をつけなければいけない。

ブランディングの二つのレベル

ブランディングには二つのレベルがある。会社そのもののブランディングと、ブランドごとのブランディングである（小さな会社ではほぼイコールの場合もある）。この二つを完全に切り離して考えることはできない。会社の上に商品ブランドがある。商品ブランドのイメージが会社のイメージから大きくかけ離れたものになってしまうと、会社のブランドイメージが揺らぐ。

他にも、パーソナルブランディングという概念があるように、様々なレベルでブランドをつくることができる。そのなかで、最近、大企業病対策に有効なことを思いついた。「部署単位のブランディング」である。

中川政七商店は規模としては中規模だが、最近、大企業病（＝当事者意識の欠如）がはびこりはじめた。規模が大きくなり、関わる人の数が増えてくると、どうしても「私がこのブランドを支えているのだ」という気概、当事者意識が失われていく。そこで、商品ブ

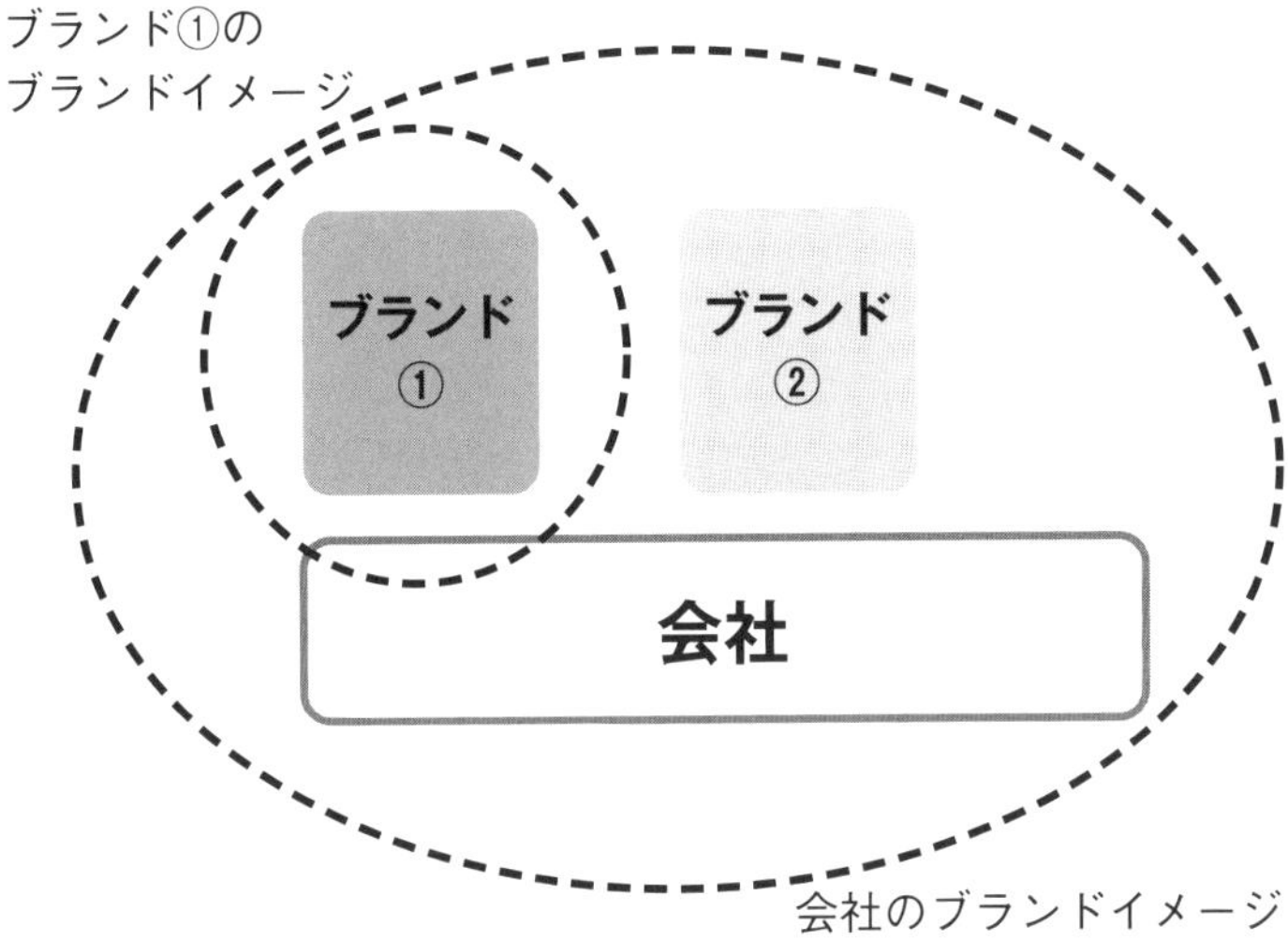

ブランディングの２つのレベル

ランドよりも小さな単位（＝部署）で考えることで、当事者意識を高く保つことができる。三〇〇人の会社で三つのブランドがあるとすると、各人のブランドへの寄与度は、単純に考えると一〇〇分の一。しかし、細かいチーム単位で見ていけば、チームの人員はたいてい一〇人以下のはずだ。所属チームへの寄与度は一〇分の一だから、一〇倍の寄与度を体感できる。

またその両方を意識させることで、より重層的に当事者意識をつくることができる。さらに部署ブランディングを考えると、当然差別化の意識が生まれる。例えば小売課のブランディングで考えてみると、中川政七商店の小売課はよその会社の小売課と何が違うのか、どこが優れているのかと考えなければならなくなる。そうすると、従来はポイントカードを導入するとか当たり前の施策を打ちがちだったところが、自分たちの頭で考えて独自の施策を打つようになる。商品ブランド自体が差別化を目指すなかで、それを支える各部署が差別化されていない施策を打つのは、方法論としては間違えている。総論賛成、各論反対と同じ構図。この点でも、部署ブランディングの意識はプラスにはたらく。

素材屋はブランドになれない

私がてがけるコンサルティング案件はメーカーが多く、そのほとんどは素材や技術をメインとする会社である。例えば、素材で言えばニット屋さん、技術で言えば染め屋さん。こういう案件の場合、まず最初に「素材や技術ではブランドになれないですよ」という話をする。なぜならブランドは、お客さんの頭の中にできるもので、お客さんは買い物をするときに「今日は何か染め物を買おう」とは思わない。スカーフを買おうとか手袋を買おうというように、「アイテム」を思い浮かべて買い物をする。だからブランドになろうと考えるときには、技術や素材ではなくアイテムをまず認識してもらわなければならない。

浴衣で有名な「竺仙」という会社がある。知っている人は「浴衣と言えば竺仙」「竺仙と言えば浴衣」と認識している。しかし竺仙は、もともとは（もちろん今も）「染め屋」さんである。浴衣というアイテムがあったから、竺仙の名を多くの人が知ることになったのだ。これというアイテムがなければ、ここまで有名にならなかったかもしれない。

技術や素材の会社が自社ブランドを立ち上げようと思ったとき、ついつい技術や素材を前面に出し複数のアイテムでブランドをつくりがちであるが、それは間違いである。これという勝負アイテムを決めて、その単品ブランドとしてやっていくべきである。将来ブランドの成長と共に展開アイテムを広げていくのは構わないが、最初の段階では得策とはいえない。

サイフクの事例でも、最初、常務の佳奈子さんは「ニット雑貨」ブランドをやりたいと考えていた。しかし、それではお客さんに認識してもらうのに時間がかかるので、アイテム屋でいきましょうと説明した。勝負アイテムを検討するところからはじめ、結果的に「ポンチョブランド」のｍｉｎｏが誕生した。もちろん勝負アイテムを何にするかは、重要なポイントである。この点を間違うと結果を導くのは難しい。そのアイテムで発揮できる自社の強みがあることや、圧倒的な先人がいないこと、必要な市場規模があることなどを慎重に検討する必要がある。

ブランディングとは？

なのか？

立ち戻って、ブランディングについて考えてみたい。そもそもブランディングとはなん

「ブランディングとは、伝えるべきことを整理して、正しく伝えること」と定義している。なにも難しいことではない。自分たちが何者であるかをきちんと認識してもらうだけのことである。しかし、実際にやるとなるとなかなかうまくいかない。

とあるニットメーカーを訪問したときの話。事務所に入るなり、先方の社長が「これがすごいんや」と新商品のひざ掛けを持ってきた。話を聞くと、縦方向にこの柄を入れるのが従来の機械ではできないらしく、うちでしか出来ない技術だと自信満々であった。しかし、そのひざ掛けの形は正方形。横にしてみると、「そんな横にしたらあかん、どこでも出来る」と。このように何を伝えるべきかを間違うことはよくある。自分のことは自分が一番よく分からないものである。

堀田カーペットでの話。はじめて訪れたときに、堀田社長はカーペットの魅力について二時間以上話をしてくれた。仕事なので話はすべて聞くが、普通はそんな長時間話を聞い

てはくれない。カーペットの良さがたくさんあることは理解できるし、堀田社長のなかでカーペットの品位品格の話が最も優先順位が高いのも知っているが、一般のお客さん相手であれば最優先の話はカーペットとアレルギーの関係についてである。

このように、伝えるべきことを整理して正しく伝えるというのは意外と難しい。

ブランドのつくり方

ブランドを新たにつくるとき、たいていは左記のような手順を踏む。

①自分を知る
②相手を知る
③ポジショニング
④アウトプット
⑤コミュニケーション
⑥インナーブランディング

①自分を知るフェイズでは二つのことを考えます。ひとつは自分たちがどうなりたいか。つまりビジョン。もうひとつは自分たちの強み。

強みを考えるときのポイントは、自分たちに「単にあるもの」と、自分たちの「本当の強み」とを区別すること。前述したが、自分のことはなかなか客観的に捉えることが出来ない。そういうとき外部の人のアドバイスが活きる。

もうひとつのポイントは、「自分」を柔軟に捉えること。次のフェイズとも関わってくるが、「自分」と「相手」には相関関係がある。自分を大きくしたり小さくしたりすることで、新たな強みを発見できる。マルヒロの事例では、最初は強みを見いだせなかったが、「自分」を拡大解釈して波佐見と考えることで、強みを見いだすことが出来た。

そして最大のポイントは、お客さんの視点で考えること。お客さんにとって価値のあるものにつながる強みであるか。「自分」の定義も、お客さんにとってその会社、ブランドがどのように見えるかにかかってくる。

②相手を知るフェイズで重要なのは、お客さんから見たときに、比較検討に挙がる本当の相手（ライバル）を知ることである。

東京ディズニーランドの「相手」はどこか？　ユニバーサル・スタジオ・ジャパン？

あるいは他の遊園地？　いずれも違う。お客さんの視点に立てば、東京ディズニーランドは休日をどう過ごすかの一選択肢である。とすれば、「相手」は郊外のショッピングセンターか、はたまた映画館かもしれない。当事者はついつい自分で勝手な「業界」をつくり、そのなかで「相手」を探してしまう。しかしそれは、ほとんどの場合間違っている。相手が変われば自分たちの「強み」も変わる。①と②は行ったり来たりしながら考える。

③ポジショニングで大切なのはひとつ。差別化されているかどうか、である。そしてここでも、お客さんの視点を忘れてはいけない。一般のお客さんにとって差別化と感じられることが条件で、業界プロの視点は無視して構わない。サイフクの事例で言うと、ポンチョのファクトリーブランドは日本初だと私は認識している。グーグルで調べても出てこなかったし、いろんな人に聞いても誰も知らなかった。しかし実はどこかの山奥に、三年前にできたポンチョブランドがあるかもしれない（ないと思いますが）。たとえあったとしても、それを世間の人が知らなければ、それは差別化されているという認識でなんら問題ない。世間が知らないということは「ない」と同義である。

差別化のコツは、新たなポジションを自ら生み出すことである。タダフサとバッグワークスの事例を、次ページに参考として掲載した。これらは、既存ブランドの分析をするな

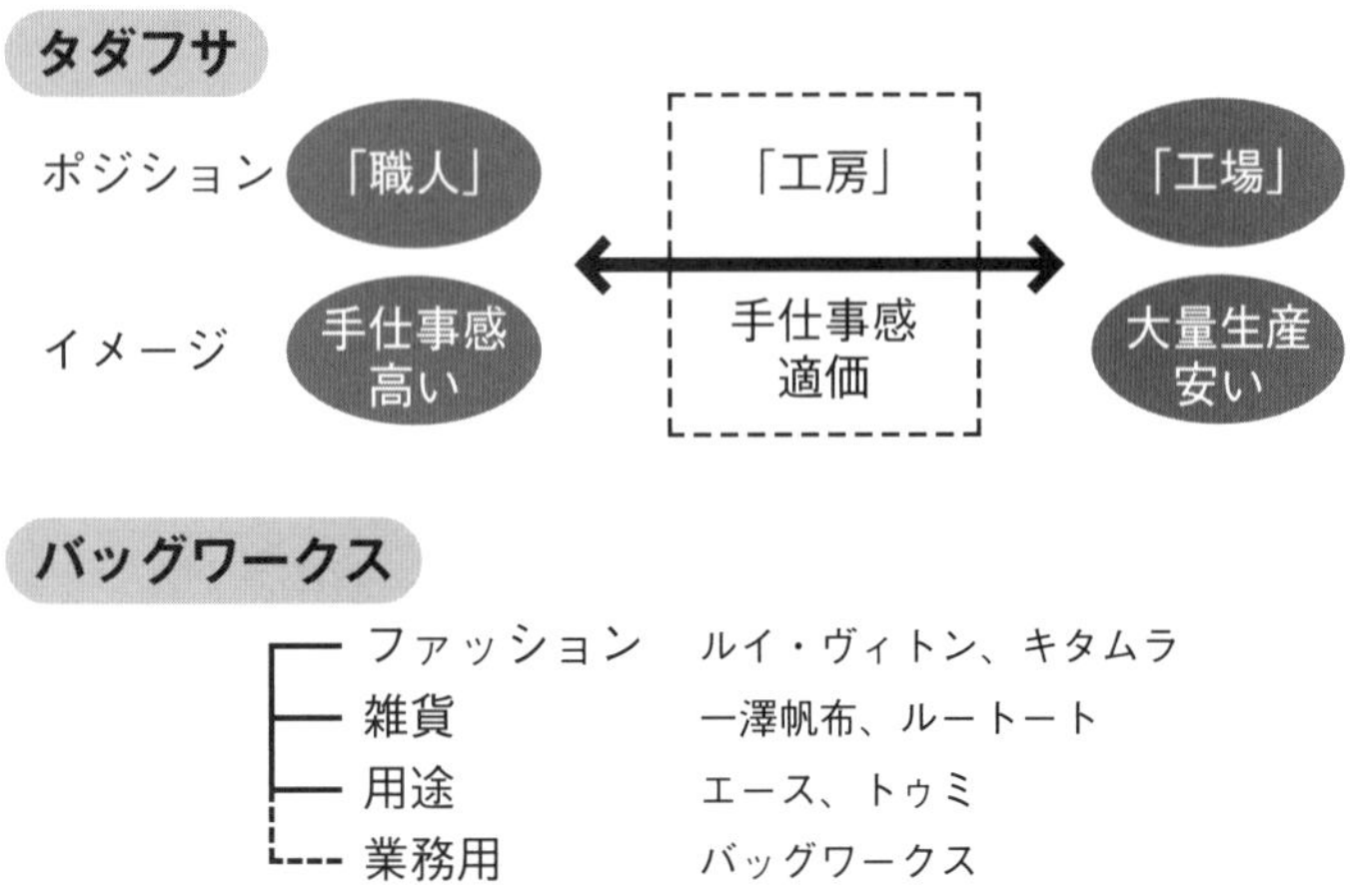

ポジションをつくる

かで独自の評価軸を生み出し、それによって自らのブルーオーシャンを生み出した実例である。

④⑤アウトプット（ものづくり）とコミュニケーションについてはそれぞれの編で詳しく述べる。

⑥ブランドの立ち上げまではお金も時間も費やされるが、その後がずさんな事例は多い。しかし、ブランドは立ち上げたところからはじまるのである。育てなければ真の意味でのブランドになれない。ブランドを育てるフェイズで重要なポイントのひとつは、インナーブランディングである。関わるすべての人々でブランドが構成される

以上、関わるすべての人（＝インナー）のブランドに対する理解と、それを体現する技術が求められる。ブランドも時と共に変化する。また、関わる人も変化していく。そういう環境の中だからこそ、継続的なインナーブランディングが必須となる。インナーブランディングの手法は様々あり、それだけで一冊の本が書けてしまうほどなので、個別の手法についてはここでは触れない。

第3章 ものづくり編

イメージコラージュ

やりたいことも見えて、ポジションも固まると、次にアウトプット＝ものづくりのフェイズに入る。ここでいきなり商品のデザインに入ったりしてはいけない。その前に「コンセプト」と、デザインやコミュニケーションの「トーン＆マナー」を決めなければならない。

コンセプトとは、そのブランドのやりたいこととポジションを言葉で表現したもの。トーン＆マナーとは、様々なアウトプット（商品、カタログ、ブランドロゴ、買い物袋など）をデザインするためのルールのこと。

コンセプトとトーン&マナーを固めるために「イメージコラージュ」という手法を使う。

イメージコラージュの進め方

①複数人が参加し、それぞれがブランドらしさを感じるビジュアルを、雑誌やネットから集める。このとき大切なのは、頭で考えずにぱっと選ぶこと。また、なるべく違うアイテムから多くのビジュアルを集めること。ストールをつくるときに、ストールのビジュアルをたくさん集めても仕方がない。すでに存在する時点で差別化されていないし、単なるパクリになってしまう。

②集めたビジュアルをなぜ「らしい」と感じたのかを他の人に説明しながら、グループに分けていく。グループ分けのときには、出来れば第三者に入ってもらうのが望ましい。客観的に見て共通点のあるものをひとつのグループにしていく。どのグループにも属さなかったものや、あらためて見てみるとそれほどピンとこないなと思うものは排除する。感覚的にぱっと選んだビジュアルの中には、「迷い」や「ゴミ」がどうしても混じるので、この段階できれいにする。また「惜しい」「近いけど微妙に違う」と感じたビジュアルも同時に持ち寄り、なぜ違うのかを言葉で説明する。そうすることで、そのブランドの輪郭

がより鮮明になる。

③グループ分けされたビジュアルから「キーワード」を抽出する。

④抽出されたキーワードをもとにコンセプト（コピーと文章）をつくる。コンセプトは短いコピーと二〇〇〜三〇〇文字くらいの文章の二種類をつくる。

なおここでつくったイメージコラージュは、コンセプトとともに、迷ったときに立ち返るべきブランドの核となるものである。しまったり処分したりせずに、みんなが目にするところにいつも貼っておくことをおすすめする。

商品政策を立てる

商品政策とは、どんな商品をどれくらいのアイテム、どれくらいの数量をつくるかの計画書である。予算を設定し、それをシリーズごと、アイテムごとにブレイクダウンしていく。直営店を展開する場合は、お店を回すためにどのくらいのアイテム数が必要かも加味する。

売上予算＝アイテム数×アイテム平均売上

全体予算↓シリーズ別予算↓アイテム別予算

ここで重要なのは、積み上げとチャレンジのバランス、つまり意図をもって商品政策を立てることである。ブランド立ち上げ期は別として、商品政策は、積み上げ七割、チャレンジ三割と感覚的に思っている（もちろんこれはアイテムや業界や規模、商品開発コストが変われば変わるものなので、あくまで中川政七商店での話である）。前年同シーズンの商品政策の結果を見ながら、良かった点をさらに伸ばし、悪かった点を改善する。これが積み上げ七割の部分。ここをおろそかにすると、安定して対昨年比をクリアすることはできない。しかしこの部分ばかりだと、どんどん商品がつまらないものになっていく。これまでにない商品が生まれてこない。三割の余白を残し、新しいチャレンジを商品企画部門に促す。

商品を企画する

そもそも商品を企画するとはどういうことか？

商品を企画するとは、「志」と「コンセプト」と「組み立て」と「トーン＆マナー」を行ったり来たりしながら固めること。

「志」は思いつきや欲望、狙い、社会的意義、問題意識など、その商品なりシリーズなりをはじめようと思ったきっかけとなるもの。「コンセプト」は、その商品なりシリーズなりの核となる言葉と文章。「組み立て」は自分たちがやる理由であり、お客さんがへぇ〜と思える強いストーリーのこと。「トーン＆マナー」とは、デザインのルールやテイストであり、らしさのこと。

これらがすべて揃っている商品は強いものになる。ものの見た目だけでなく、背景

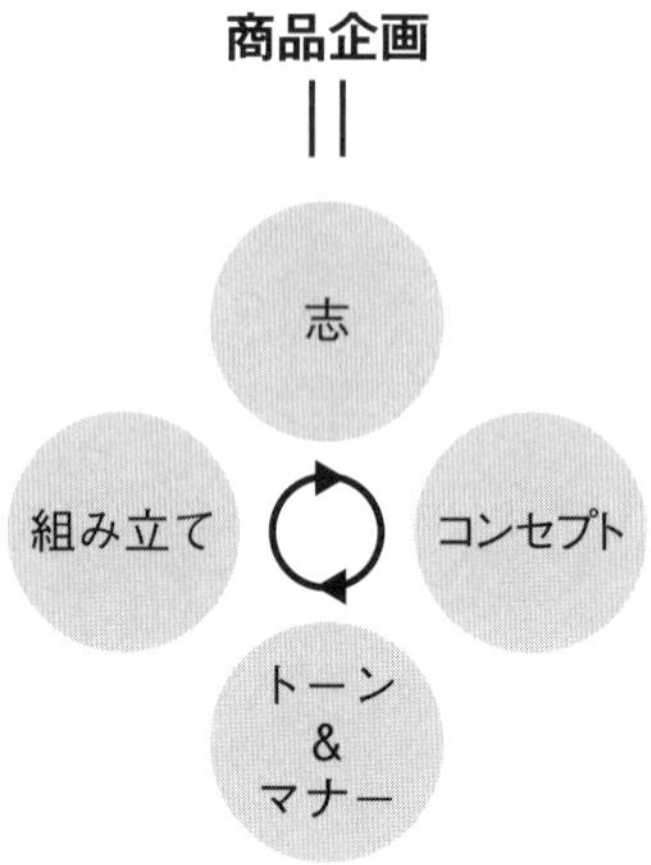

商品を企画する

にあるものが透けて見えるからだ。

ブランドコンセプトが決まると、すぐに商品のデザインに取りかかってしまうことが多いが、商品を企画するというフェイズを経てから取りかかるべきである。

筋の良い組み立てとは？

商品を企画するなかでも特に大切で難しいのが、「組み立て」である。筋の良い組み立てをつくるにはどうすればいいのか？

まずは組み立てのもとになる「ネタ」を集める。あるアイテムの商品企画をするときであれば、そのアイテムの歴史や起源を調べたり、そもそもの名前の由来を調べたり、アイテムに特化した博物館など（産地にはたいていある。そして地元の人は誰も行ったことがない）に行ってみたり、とにかく手に入るだけの情報を集める。

次にその「ネタ」をつなげてひとつのストーリーにまとめ上げる。お客さんが聞いてへえ～と思ってくれるようなストーリーをつくる。当然使えない「ネタ」はたくさん出てくるが、それはあきらめる。ストーリーとしてのスムーズさ（納得感と想起性）、社会性、自分たちにつながっていることが大切である。

商品を継続的に生み出すロジックをつくる

いい靴下をつくりなさいと言われたデザイナーと、なんでもいいからいいものをつくりなさいと言われたデザイナーがいたとしたら、後者のデザイナーの方が困るだろう。たとえ最初のうちはつくりたいものをつくれたとしても、いずれつくれなくなってしまう。ものをつくる際には制約がある方がつくりやすい。

マルヒロの事例でいうと、ＨＡＳＡＭＩは毎年6月にシーズンと呼ぶ新しいシリーズを発表する。シーズンは「国」をテーマにしている。シーズン1はアメリカ、シーズン2はメキシコというように。これはシーズンコンセプトのようなもので、これを毎年決めることでそこから商品のイメージをつくっていく。つまりは商品展開のロジックなのである。

ファッションの世界ではごく当たり前に行われていることだが、雑貨の世界ではほとんどない。これなしに毎シーズン行き当たりばったりの思いつきで商品をつくっていると、全体として統制の取れない商品群が出来あがってしまい、ブランドと認知されにくい。

商品展開ロジックをお客さんに説明することはないが、一定のリズムが出来るとお客さんもそのリズムを覚えるので、ファンの方であればそろそろ新しいシリーズが出るなという期待感をもってもらうことが出来る。

デザイナーを選ぶ

小さい会社では、社内にデザイナーがいないこともある。その場合どうすればよいのかという相談をよく受ける。会社のコンディションにも経営者の考え方にもよるので、正解があるわけではないが、私見を述べたい。まず、大前提としてものづくりにデザインは必須だが、デザイナーは必須ではない。現にマルヒロの事例では予算がなかったので、みんなデザインの素人だったものの、自分たちだけでデザインをした。しかし、普通はプロの方がデザインのクオリティは高いので、プロにデザインしてもらうのがよい。ではプロに頼むとして、社内（＝インハウスデザイナー）か、社外かという問題がある。それぞれ長所短所あると思うが、デザインというものづくりで一番楽しい部分を外部に出すのは好みではない。会社のコンディションが許すのであれば、インハウスデザイナーを雇うべきである。

もちろんケースバイケースで、外部デザイナーを使うべきときもある。その場合、デザイナー選びの問題がある。これも難しい。そもそもデザイナーを網羅的に知っている経営者などいない。デザイン賞の受賞者やデザイン団体に所属している人の一覧などは調べることは出来るかもしれないが、それでも限界がある。そしてたいていの場合、知り合いに頼んだり地元の人に紹介してもらったりということで落ち着くが、これはやめた方がよい。デザインを理解しようとし、自分の感性でデザイナーを選ぶほうがいい。失敗も成功も味わい、経験を積み重ねていくことが大事である。

もうひとつの解決法は、アートディレクターやクリエイティブディレクターと呼ばれるような人とお付き合いをすることである。彼らはデザイナーを選ぶことも職責とする。信頼の置けるアートディレクターとの出会いは、その後のデザイナー選びの苦労から解放してくれる。

プロは三回で仕上げる

デザイナーの話とも関連するが、物をつくる際にサンプルを何度もつくるのは、非経済的である。しかしだからといって、ものづくりで妥協してもよいというわけではない。少ないサンプル回数で仕上げるのがプロの仕事。一〇〇回サンプルを出して仕上がるのは当たり前で、それは素人の仕事。初めてのアイテムの場合は、経験値がないためサンプル回数がどうしても多くなってしまうが、次回以降それをいかに少なくすることが出来るかがポイントになる。これは経験値でもあり、ものづくりの仕組みでもある。

サイフクの事例では、最初思い通りの色が出ずに手こずった。糸の色をカラーチップで指定したのだが、何度やっても思うような色が出ない。そこでたまたま持っていたニットカーディガンの色が近かったのでそれを染め屋に渡し、それよりやや明るく、と指定したところ、一発で思い通りの色が上がってきた。これで次回以降、色の指定はニットの現物で行えば早いという仕組みが出来た。

長い時間をかけなければ良いデザインはできないという考え方をする人がいるが、それは間違っている。短時間であっても良いデザインは出来る。しかし短時間でやるには、それなりの経験値と仕組みがいる。外部デザイナーと仕事をする場合も、その点を踏まえてなるべく同じ人と継続的に取り組む方がよい。

店頭での見え方までデザインする

商品は、商品そのものをデザインして終わりではない。商品は最終的にお客さんに買ってもらうことがゴールである（もちろんプレゼントに使われたり、最後に使えなくなるところまでを想定することも大切）。そうであれば、当然店頭でのディスプレイのされ方、見え方まで想像して、商品をデザインしなければならない。

タダフサの事例では、庖丁というほとんどの小売店が今まで扱ったことのない商品を展示会でバイヤーに買ってもらわなければいけなかった。そこで考えたのは、商品導入にあたりまずネックになるのは何かということ。当然、安全性が一番に問題となる。そこで初回導入キャンペーンとして、一定以上の本数を購入してくれる場合、陳列ケースをプレゼントすることにした。陳列ケースがあれば、お客さんが簡単に手に取ることは出来ない。このキャンペーンがスタートダッシュに寄与したのは間違いない。また陳列ケースは、売場の恒常的な確保という面からもプラスをもたらす。

またサイフクの事例でも、売場での展開のしやすさを考慮してパッケージをブランケットのように丸めて紐で縛る形に決めた（196ページ参照）。販売先としてアパレル中心のお店を想定したときに、ハンガー吊りだけではminoの良さである色バリエーションを見せることが出来ない。そこでハンガーの下の空いているスペースに積み上げてディスプレイしてもらえるようにとパッケージデザインを決めた。

最後の売られるシーンまで手を抜かずデザインして、初めて良い商品になる。

価格決定は経営である

中川政七商店では各ブランドにブランドマネジャーがいるので、私は基本的には商品に口出しすることはないが、価格だけは全ブランドの全商品を相変わらず決定している。上代を決めることは、つまり会社の利益構造を決めることである。ブランド単位で最適化しても、必ずしも全社最適（広い視野で全体を最適化すること）につながるとはいえない。価格決定＝プライシングにも様々な定石があり、専門の本があるくらいだから、そのあたりの知識もないといけない。

自社、コンサルティング先を問わず価格決定に関連して問題だと思うことが二つある。

ひとつ目は、価格を想定せずにものづくりを平気でしてしまうこと。二つ目は原価の不思議である。

ひとつ目は当たり前のことであるが、商品を企画しデザインする過程で、価格をまったく想定出来ていない。最終の価格が五〇〇〇円のバッグと三万円のバッグでは、当然使える部材も仕様も異なってくる。にもかかわらず、つくっていくうちにこんな原価になってしまいました、というような商品説明がいまだにある。商品企画時点で、価格帯は当然想定すべき項目である。

二つ目の原価の不思議について。工場における原価計算の方法が皆ばらばらで、かつ論理的に納得できることはほとんどない。多くの工場の場合、原価＝材料費＋人件費＋機械の減価償却費で、そこに利益をプラスして販売するはずなのだが、特に工芸の世界ではこれがなかなかうまくいかない。最初一万円と言っていたものが、それでは売れる価格にならないでしょうと言ったら、いきなり六〇〇〇円になったりする。

そこで最近おすすめしている原価計算のやり方は、工場がフル稼働したときにいくらの売上が欲しいかという点から逆算して販売価格を決めるやり方である。決して論理的な計算ではないが、経験則上こちらの方が妥当な価格に行き着くことが多い。

廃番をつくらない会社は倒産する！

自社ブランドをもっている案件すべてに共通していたのが、ＳＫＵ数（在庫の保管単位）が際限なくふくれあがってしまっているという状況である。そしてこの点が、最も速くかつ最も大きな効果を生む改善ポイントでもある。タダフサでもマルヒロでも、既存ブランドのＳＫＵ数を一気に三分の一程度に絞り込んだが、売上はまったく落ちなかった。売上データを定期的にチェックし、一定のルールに基づいて廃番商品をつくらなければ、利益は生まれない。ロングテイル戦略が通用するのは、仕入商品が中心で、EC（電子商取引）が主体で、倉庫システムがしっかりしているときのみである。それ以外の環境でほとんど売上の立たない品番は、百害あって一利なしである。

ブランド拡大の失敗

商品政策の問題でもあるが、サイフクやタダフサのように特定アイテムに絞り込んでいるブランドが、それ以外のアイテムを展開することの是非について考えてみたい。一般的に、ある分野ですでにブランドイメージが確立しているブランド名で他の分野に進出することを「ブランドの拡大」と言い、うまくいかない事例が多いとされている。一概にすべてのブランド拡大を否定するつもりはない。しかし、ブランド拡大が許される条件はあると思う。

その条件とは、アイテム拡張が前提とされているパターンである。HASAMIの場合は、ブランドを立ち上げる時点で、すでに焼きもの＝器に限定されたブランドを目指していない。総合カルチャーブランドを前提にしている。そのために、最初から焼きもの以外のアイテムに使うためのロゴマークを二つ用意している。また、最初の商品展開から焼きもの以外のアイテムを少量ながら継続的に展開し続けている。このような場合は、ブランドの状況を見ながらではあるが、アイテムの拡大は許される。

一方、タダフサの事例は少し異なる。庖丁工房タダフサは、その名の通り庖丁の専門ブランドである。立ち上げ直後に、庖丁の柄に使っている抗菌炭化木（特許取得済み）を使ったキッチンアイテムをつくる話が持ち上がったが、私は強く反対した。そもそもブランドの最初の枠組みが、庖丁以外のアイテムをあまり想定していない。ましてやデビュー直後で、庖丁ブランドとしての認知もまったくない状況で、キッチンアイテムが数多く出てしまってはお客さんが混乱してしまう。

もし将来的にキッチンアイテムを展開するにしても、その際はブランドの建て付けを修正しなければいけないと思う。つまり、リブランディングである。たかがアイテム展開を広げるくらいで何を大げさな、と思われるかもしれない。しかし、アイテムを広げるという感覚では大したことではないかもしれないが、ブランドをつくるという視点から見ると大事なのである。ブランドマネジメントにおいては、「やらない勇気」も絶対に必要なのである。

第4章 コミュニケーション編

ブランドとなるためには、自分たちが何者であるか、をお客さんにきちんと伝えなければならない。そこで、より効率的なコミュニケーションのあり方について、5W2Hの視点を踏まえながら考えてみる。

情報を絞る

ブランド側は、ついつい自分たちの良さについて、あれもこれもとてんこ盛りに伝えようとしがちである。しかし、そもそもそのブランドを知らないようなお客さんは、聞く耳すらもたない。二時間じっくり話をする機会があれば、たいていの人に少しはそのブランドに興味をもってもらえるかもしれないが、そのような機会は望むべくもない。通常はお客さんのコンディション、つまりは興味の度合いによって、どの程度話を聞いてくれるのかが決まる。お客さんの興味が低いうちはメッセージをひとつに絞り込む。それも出来るだけ短く、電車の中吊り広告の週刊誌の見出しのようなイメージ。ブランドカードの表面にロゴマークと共に添えられるコンセプトコピーなどがそれにあたる。

次にその段階をクリアしたら、ブランドカードの裏面にある二〇〇文字くらいのコンセプト文を読んでくれるかもしれない。さらに興味をもってくれたら、ウェブサイトを覗いてくれるかもしれない。それに備えて、ウェブサイトにはさらに細かい情報を用意しておく。

メッセージに優先順位をつけるときに大切なのは、こちら側がどのメッセージを一番伝えたいかよりも、どのメッセージが一番お客さんに響くかである。

このように、お客さんの興味が増すと共に、情報量が徐々に増えていくようにステップアップしていく道筋を設計することが重要である。最初から欲張っては、その先に進んでもらうことが出来ない。

名は体を表す

商品名に限らず、ネーミングはとても重要である。ブランド名はもちろん、コンセプトコピーなど、ありとあらゆる言葉を真剣に考える必要がある。お客さんがその言葉を読んでどう感じるか、そこを読み違えるとコミュニケーションが前に進まない。

八〇～九〇年代のCIブームで社名を変更して、もったいないことになっている事例は数多くある。マルヒロも、以前は馬場廣男商店という名前だった。今思えばもったいない限りである。中川政七商店という名前は、幸い変わっていない。セントラルリバーとかにならなくて本当によかったと思う。

グラフィックデザインはコミュニケーションの手段である

商品のデザイン以外のデザインで最も重要なのは、グラフィックデザインである。コミュニケーションの場面において最も大きな役割を果たすのは、グラフィックデザインだからである。ロゴマークはもちろん、カタログ、パッケージのどれをとっても、ほとんどグラフィックデザインの範疇である。グラフィックデザインは、格好をよくすることが目的ではない。伝えたいことをより正確に伝えるためのものである。ブランドマネジャーは商品のデザインディレクションだけでなく、グラフィックデザインにおいてもディレクション出来る力が求められる。

譬える

違う業界の人は当然、中川政七商店のことを知らない。そんな人に中川政七商店のことをどれだけ細かく説明しても、なかなか伝わるものではない。そんなときに有効な技は、「譬《たと》える」ことである。中川政七商店のコンサルティング事業について説明をするとき、僭越ながら、「伝統工芸業界における星野リゾート」です、という譬えを使う。中川政七商店を知らなくても、星野リゾートを知っている人は多いので、「ああなるほど」とすぐに理解をしてくれる。

これに近い効果は、異業種のコラボレーションでも生み出すことが出来る。例えば和菓子のとらやとのコラボレーション。中川政七商店を知らない人も、とらやとコラボレーションするくらいだから、それなりにちゃんとした会社なんだろうと想像してくれる。

このようにちょっとした工夫で、たくさんの情報を短時間でよい形で伝えることが出来る。

引っかかりをつくる

庖丁工房タダフサのパン切り庖丁は通常のパン切り庖丁と違い、波刃が先端にしかついていない。そのことはぱっと見ただけでも、「あれ、なんか違う」という違和感と共にお客さんに伝わる。すると、そこに接客のチャンスが生まれる。「お客さん実はですね、なぜ先端にしか波刃がないかと言いますと……」

このように、コミュニケーションのきっかけを生むデザインになっていることが、このパン切り庖丁が爆発的に売れているひとつのポイントでもある。そしてそれが、奇をてらったものではなく、機能をデザインするなかで自然と生まれたものであることが何よりすばらしい。試し切りをしてみると、その機能が感覚としてお客さんにダイレクトに伝わる。デザインをきっかけにしたコミュニケーションのあり方である。

強みのタネを本当の強みに変える

引き続き庖丁の話。タダフサの強みのひとつに、庖丁の研ぎ直しサービスがある。とはいえ、実際にお客さんに研ぎ直しサービスを利用してもらうのは、ハードルが高い。タダフサは直営店をもたないので、庖丁を直接宅配便で送ってもらう必要があるが、庖丁のような危険なものを送ることに抵抗がある。

庖丁の研ぎ直しサービスが出来るという強みの種を本当の強みに変えるために、パッケージに工夫を施した。ダンボールを積層にしたパッケージは、研ぎ直しサービスを利用する際の「通い箱」をイメージさせる。またリーフレットに「研ぎごろの目安」を掲載し、お客さんにそろそろ出さなければと思ってもらえるようになっている。

リーフレットに大きな文字で、「庖丁の研ぎ直しサービスあります！」と書いても、実際にはなかなか利用しないだろうと思う。

これもまた、コミュニケーションにおけるデザインの力である。

情報をクロスさせる

人は一度ぱっと見たくらいでは何も覚えない。同じものを何度見ても、一回目以上のインパクトは期待できない。そこで情報を確実にインプットしてもらうために、情報をクロスさせる工夫をする。情報をクロスさせるとは、違った場所で同じ情報を見せることで、「あっ、これ他でも見たことある！」と強く印象づける技である。そして、情報をクロスさせる際に最も効果を発揮するのが色である。人の視覚情報の八割以上が色であると言われている。

堀田カーペットの事例では、ｃａｒｐｅｔｒｏｏｍという名前を覚えてもらうために、赤と紫のアーガイル柄をシンボルとして、ウェブサイトでもブランドカードでも、ポスターでも、赤と紫のアーガイル柄を使い続け、より効率的な情報のクロスが起こるようにと工夫している。色だけでなく、アーガイルというパターンを用いたわけはｃａｒｐｅｔｒｏｏｍのトーン＆マナーであるイギリスっぽさを出すためである。アーガイル柄の起源は実はアイルランドなのだが、周辺の誰に聞いてもアーガイル＝イギリスという想起率が一〇〇％だったので、事実とは異なるがデザインから受ける印象を優先した。

おしゃれな人は自分でおしゃれとは言わない

コミュニケーションのなかで、「誰が」言っているのかは重要な要素である。自分で「私はおしゃれである」と言っても誰もそうは思わない。周りの人が言うからこそ、皆そう思うのである。

例えば、本というメディアに託す。朝礼で毎日社長が言っている話は誰の心にも残らないが、これがビジネス書という形で読むと心に響いたりする。最初の著書『奈良の小さな会社が表参道ヒルズに店を出すまでの道のり。』を読んだ社員から、社長の考えがやっと分かったという声をよく聞いた。書いてるのは私自身であり、内容は常日頃言っていることとまったく同じなのだが。

相手の立場でコミュニケーションを考える

ものづくりにおいて顧客目線でとよく言うが、コミュニケーションも同じくお客さんの目線が大切である。

ギフトショーのような大きな展示会で、三メートル四方の小さなスペースに、これでもかと商品を展示しているブースがある。これはまったく相手の立場に立っていないコミュニケーションである。大きな展示会を歩いているバイヤーはとにかく急いでいる。付き合いのあるメーカーのブースを見落とさずに挨拶し、それ以外のブースも全部をざっと見て、気になるブースだけ名刺交換して、カタログを貰って帰りたい。これがバイヤーの気持ちである。こうしたバイヤーの気持ちなど考えず、メーカーは自分たちの技術を誇りたいがために、商品をたくさん並べる。結果、そういうブースがバイヤーの目に留まることはない。小さいブースであれば、バイヤーに向けたメッセージを出来るだけ絞り込むことである。展示会は商品を見せるのではなく、メッセージを伝える場なのである。アイテムをひとつに絞るなど、なんらかの工夫をしないと視界にすら入らない。

直営店とウェブサイト

商品以外に大きなコミュニケーションのポイントとなるのが、直営店とウェブサイトである。この二つのブランドイメージに対する寄与度は相当高い。

いまどき、たいていのウェブサイトはそれなりの見栄えをしているが、それだけに一昔前の香りがするサイトはまずい。せっかく気になって調べたときのがっかり度は計り知れない。

直営店は販売員を筆頭に、数多くのタッチポイントがある。細部にまで気を遣って、売上をつくる場としてだけでなく、正しいブランドイメージを伝えることの出来る場所と捉えてほしい。また直営店の立地そのものが、ブランドイメージを大きく形づくることも意識しておきたい。場所というのは、ブランドらしさを語る上でわかりやすい「譬え」になる項目である。あのブランドは代官山っぽいよね、とか。京都や銀座などは、地名自体がブランドであるため、ブランド名に組み込まれ「銀座＊＊」や「＊＊京都」と表記されるほどである。

おわりに

コンサルティングを経験するなかで感じるのは、私たちがやっているのはコンサルティングではなく家庭教師なんだということです。私たちは、コンサルティングそのものは生業としません。なぜなら、コンサルティング会社ではないからです。そして、一社でも多くの会社に元気になってもらうためには、少しでも早く独り立ちしてもらわなければならないと考えています。最終的に実行するのは、その会社の経営者です。その人が覚悟をもたない限り会社は変わりません。

幸い、これまでお手伝いした会社の経営者の方は、みな顔つきが変わりました。覚悟と自信をもつことが出来ました。

この本をきっかけに、多くの人が勇気をもって一歩を踏み出すことを切に願います。成否を分けるのは、能力でも規模でもありません。やるかやらないか、それだけです。

最後に、この本の出版にあたり編集を担当していただいた小泉淳子さん、適切なアドバイスをありがとうございました。

日々一緒に戦ってくれている会社のみんな、みんなの頑張りが心の支えです、ありがとう。

追伸

第1部に掲載された企業と中川政七商店の商品が一堂に会する店「大日本市」が、伊勢丹・新宿店の五階に八月二九日にオープンしました。中川政七商店のビジョンである「日本の伝統工芸を元気にする！」を実現するための大きな一歩です。

二〇一二年九月吉日

中川政七商店

十三代　中川淳

中川 淳 Nakagawa Jun

京都大学法学部卒業後、富士通株式会社を経て、2002年に家業の中川政七商店に入社。2008年、十三代社長に就任。遊 中川、粋更 kisara、中川政七商店の3ブランドを展開し、伝統工芸をベースにしたSPA（製造小売）業態を確立。2009年からは「日本の伝統工芸を元気にする!」というビジョンのもと、業界特化型の経営コンサルティング事業を開始。波佐見焼の新ブランド「HASAMI」を大ヒットさせるなど、中小企業のものづくりに精力的に関わっている。著書に『奈良の小さな会社が表参道ヒルズに店を出すまでの道のり。』『ブランドのはじめかた』（共に日経BP社）。

老舗《しにせ》を再生《さいせい》させた十三代《じゅうさんだい》がどうしても伝えたい

小《ちい》さな会社《かいしゃ》の生《い》きる道《みち》。

2012年10月1日　初　　版
2020年3月19日　初版第4刷

著　者　中川 淳
発行者　小林圭太
発行所　株式会社 CCCメディアハウス
〒141-8205　東京都品川区上大崎3丁目1番1号
電話　03-5436-5721（販売）
03-5436-5735（編集）
http://books.cccmh.co.jp
DTP・組版　明昌堂
印刷・製本　図書印刷株式会社

ISBN978-4-484-12223-6　Printed in Japan